はじめに

━━━━━━━━━━━━━━━━━━━━━━━━━━━━━━

中高生のみなさんへ

　みなさんはどんな学校生活を送っていますか？

　学校は、多感な同世代の人が集まって過ごす集団生活の場です。楽しいこともあれば、ときには悩むこともありますね。特に授業以外の「日常生活」に関すること（時間管理や家庭学習など）は、同級生でも親しい友だちでも、考え方や方法が一人ひとり違います。もし何かが「うまくいっていない」と感じたら、その方法が「自分に合った方法」ではないのかもしれません。

　この本は、私たちが出会ってきた多くの中高生たちが学校生活のなかで「なかなかうまくいかない」と感じがちなことを「20のスキル」にまとめ、その対策（コツ）を学んだり練習したりしながら、「自分に合う方法」を考えるためのワークです。すべてのワークに「正解」はありません。できそうなことから少しずつ進め、まわりの友だちや大人にたくさん相談しながら取り組んでください。友だちと比べるのではなく、みなさん一人ひとりの個性に合う方法を見つけ、学校生活を過ごしやすいものにしましょう。

━━━━━━━━━━━━━━━━━━━━━━━━━━━━━━

先生・保護者の方へ

　「多様性」という言葉とともに、さまざまな個性・特性をもつ子ども、得意・苦手の差が大きい子どもについての理解が進み、2018年度より高等学校においても「通級による指導」（個々に応じた特別の指導）が制度化されるなど学校における支援も広がってきました。

　一方で、私たちが学習塾「さくらんぼ教室」で30年以上にわたり関わってきたたくさんの子どもたちや、東京都教育委員会など公的機関とともに支援してきた中高生のなかには、学校という集団生活の場が「楽しくない」「うまくいっていない」と感じている生徒がたくさんいます。その理由の多くが「提出物が出せない」「友だちができにくい」など、教科学習以外の困りごとでした。さらにそのことが「自分が好きになれない」「進路が見出せない」という気持ちにつながっていることもわかりました（Grow-S「支援を必要とする高校生が感じている困り感」アンケート調査、2022年）。

　実際にそのような生徒一人ひとりと話してみると、誠実でまじめ、優しくてマイペース、興味のあることを突き詰めているなど、個性あふれる素敵な生徒たちであると感じます。そんな生徒たちに、学校の教科としては教えない生活のコツ（ＳＳＴ／ソーシャルスキルトレーニング）を学んで、自分に合う方法を見つけてほしい、そんな思いからこの本が生まれました。著者の濱野智恵や多くのスタッフが、さくらんぼ教室や公教育の現場で、多くの中高生と取り組んできたワークがベースになっています。

　先生や保護者の方には、当たり前のことが「できない」「わかっていない」ように見える子どもたちの背景にある苦手さやがんばりたい気持ちを見つけ、「あなたに合う方法で少しずつがんばればよい」ということを教えてあげていただきたいと思います。

　本書が、生徒のみなさんの気づきや、その先の行動と自信につながることを願っています。

2022年9月　伊庭葉子

本書の使い方（学校生活編）

学習の順序

① 「学校生活チェック」で得意・苦手を知ろう！

最初に「学校生活チェック」（→ p.5）で、生徒一人ひとりの「得意」「苦手」（個性）を知ることから始めます。その結果（→ p.10）をもとに「どんなことができるようになるとよいか」を一緒に話し合ってみてください。「苦手なこと」だけに注目するのではなく「得意なこと」「できていること」「がんばっていること」にも注目し、生徒が自分の個性を前向きにとらえて学習に取り組めるようにします。

② 「20のスキル」を学んで練習しよう！

→ 解説（1ページ） ＋ ワークシート（ステップ1〜3の3ページ）

スキル1から順に取り組む、または生徒の「学校生活の基本」「学習」「友人関係」「自己管理」「社会生活」に関わるスキルから「苦手さ」「学びたいこと」を選んで取り組む、いずれでもよいでしょう。スキルごとに「解説」→「ワークシート（ステップ1〜3）」の順で進めていきます。

解説
各スキルの目的を解説しています。生徒は学習の前に「いま」の自分をふり返ってチェックします。あわせて先生や保護者の方向け「指導・支援のポイント」を紹介しています。

ワークシート（ステップ1〜3）
各スキルを3つのステップで学ぶワークシートです。各ステップの「ポイント」と、生徒が考え書いたり、話したりしながら取り組む3つのワークで構成しています。

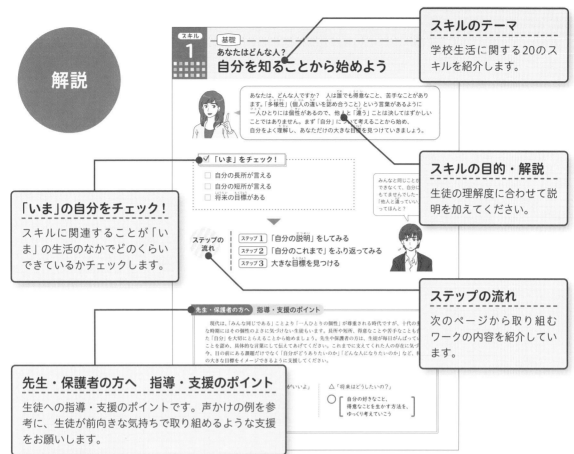

解説

スキルのテーマ
学校生活に関する20のスキルを紹介します。

「いま」の自分をチェック！
スキルに関連することが「いま」の生活のなかでどのくらいできているかチェックします。

スキルの目的・解説
生徒の理解度に合わせて説明を加えてください。

ステップの流れ
次のページから取り組むワークの内容を紹介しています。

先生・保護者の方へ　指導・支援のポイント
生徒への指導・支援のポイントです。声かけの例を参考に、生徒が前向きな気持ちで取り組めるような支援をお願いします。

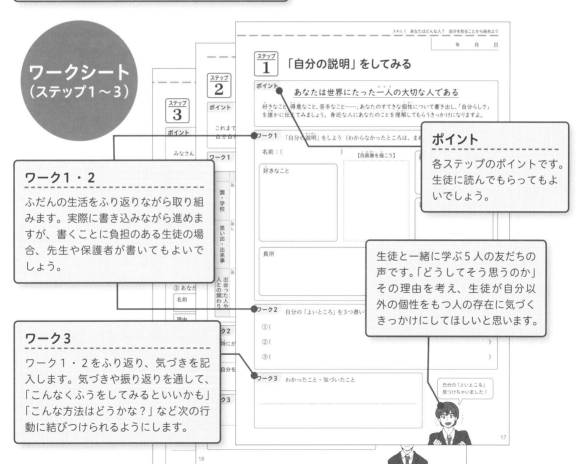

ワークシート（ステップ1〜3）

ワーク1・2
ふだんの生活をふり返りながら取り組みます。実際に書き込みながら進めますが、書くことに負担のある生徒の場合、先生や保護者が書いてもよいでしょう。

ワーク3
ワーク1・2をふり返り、気づきを記入します。気づきや振り返りを通して、「こんなくふうをしてみるといいかも」「こんな方法はどうかな？」など次の行動に結びつけられるようにします。

ポイント
各ステップのポイントです。生徒に読んでもらってもよいでしょう。

生徒と一緒に学ぶ5人の友だちの声です。「どうしてそう思うのか」その理由を考え、生徒が自分以外の個性をもつ人の存在に気づくきっかけにしてほしいと思います。

一緒に学ぶ　友だち紹介

これからみなさんと一緒に学ぶ、5人の友だちを紹介します！
それぞれの個性に注目して一緒に学んだり考えたりしていきましょう。

なおと

勉強が得意で、知識が豊富。まじめで正義感が強い。鉄道が大好き。

げんき

体を動かすことと、人を楽しませることが大好き。優しい性格だが、イライラすると怒り出してしまうことも……。

あおい

引っ込み思案で恥ずかしがり。うっかり忘れものをすることが多い。アニメが大好き。

まなぶ

読み書きが苦手で、勉強に自信がもてない。心配事があると学校を休んでしまうこともある。料理が得意。

さくら

まじめで友だちからの信頼も厚いクラス委員。心のなかでは、個性豊かに自分らしく生きる友だちにあこがれている。

※同シリーズの『中高生のためのSSTワーク　コミュニケーション編』にも同じ友だちが登場します。

SST（ソーシャルスキルトレーニング）とは

社会生活のなかで必要なスキルを学んだり練習したりすること。この本では20のスキルを扱っています。

学校生活チェック

ワークを始める前に、まずはあなた自身の毎日を「①学校生活の基本」「②学習」「③友人関係」「④自己管理」「⑤社会生活」の5つの基本から見直し、「がんばっていること」「もっとよくしていきたいこと」を見つけましょう。今うまくいっていないことがあったとしても、練習やくふうで変えていくことができますよ。

Ⅰ 学校生活の基本

次の問いに、a とても当てはまる（4点）／b だいたい当てはまる（3点）／c あまり当てはまらない（2点）／d まったく当てはまらない（0点）で答え、○をつけましょう。10問チェックしたら合計点を計算しましょう。

		a（4点）	b（3点）	c（2点）	d（0点）
1	学校が楽しいと感じる	とても当てはまる	だいたい当てはまる	あまり当てはまらない	まったく当てはまらない
2	学校に行くとき、毎日身だしなみを整えている	とても当てはまる	だいたい当てはまる	あまり当てはまらない	まったく当てはまらない
3	忘れ物がないよう持ち物をそろえている	とても当てはまる	だいたい当てはまる	あまり当てはまらない	まったく当てはまらない
4	5分前行動をしている	とても当てはまる	だいたい当てはまる	あまり当てはまらない	まったく当てはまらない
5	手帳を使って予定を管理している	とても当てはまる	だいたい当てはまる	あまり当てはまらない	まったく当てはまらない
6	校則を守っている	とても当てはまる	だいたい当てはまる	あまり当てはまらない	まったく当てはまらない
7	机のなかやロッカーが片づいている	とても当てはまる	だいたい当てはまる	あまり当てはまらない	まったく当てはまらない
8	学校行事に積極的に参加している	とても当てはまる	だいたい当てはまる	あまり当てはまらない	まったく当てはまらない
9	校内に自分の居場所があると感じる	とても当てはまる	だいたい当てはまる	あまり当てはまらない	まったく当てはまらない
10	卒業後の目標があり、目標に向けて努力している	とても当てはまる	だいたい当てはまる	あまり当てはまらない	まったく当てはまらない
		○の数	○の数	○の数	○の数
		×4	×3	×2	×0
		点 ＋	点 ＋	点 ＝	計 点

 学習

次の問いに、a とても当てはまる（4点）／ b だいたい当てはまる（3点）／ c あまり当てはまらない（2点）／ d まったく当てはまらない（0点）で答え、○をつけましょう。10問チェックしたら合計点を計算しましょう。

		a（4点）	b（3点）	c（2点）	d（0点）
1	授業が楽しいと感じる	とても当てはまる	だいたい当てはまる	あまり当てはまらない	まったく当てはまらない
2	授業の内容を理解している	とても当てはまる	だいたい当てはまる	あまり当てはまらない	まったく当てはまらない
3	授業中に積極的に発言している	とても当てはまる	だいたい当てはまる	あまり当てはまらない	まったく当てはまらない
4	ノートをとっている	とても当てはまる	だいたい当てはまる	あまり当てはまらない	まったく当てはまらない
5	得意な教科がある	とても当てはまる	だいたい当てはまる	あまり当てはまらない	まったく当てはまらない
6	わからないことを積極的に質問している	とても当てはまる	だいたい当てはまる	あまり当てはまらない	まったく当てはまらない
7	期限通りに宿題や提出物を出している	とても当てはまる	だいたい当てはまる	あまり当てはまらない	まったく当てはまらない
8	毎日1時間以上勉強している	とても当てはまる	だいたい当てはまる	あまり当てはまらない	まったく当てはまらない
9	計画を立ててテスト勉強をしている	とても当てはまる	だいたい当てはまる	あまり当てはまらない	まったく当てはまらない
10	テストの点や順位の目標に向けて努力している	とても当てはまる	だいたい当てはまる	あまり当てはまらない	まったく当てはまらない
		○の数　×4	○の数　×3	○の数　×2	○の数　×0
		（＋）点	（＋）点	（＝）点	計　点

Ⅲ 友人関係

次の問いに、a とても当てはまる（4点）／ b だいたい当てはまる（3点）／ c あまり当てはまらない（2点）／ d まったく当てはまらない（0点）で答え、○をつけましょう。10問チェックしたら合計点を計算しましょう。

		a（4点）	b（3点）	c（2点）	d（0点）
1	クラスの友だちの名前がわかる	とても当てはまる	だいたい当てはまる	あまり当てはまらない	まったく当てはまらない
2	親しい友だち・先輩（後輩）がいる	とても当てはまる	だいたい当てはまる	あまり当てはまらない	まったく当てはまらない
3	苦手な友だち・先輩（後輩）はいない	とても当てはまる	だいたい当てはまる	あまり当てはまらない	まったく当てはまらない
4	自分から友だちに話しかけている	とても当てはまる	だいたい当てはまる	あまり当てはまらない	まったく当てはまらない
5	みんなで協力して1つのことに取り組むことができる	とても当てはまる	だいたい当てはまる	あまり当てはまらない	まったく当てはまらない
6	友だち同士でよく出かける	とても当てはまる	だいたい当てはまる	あまり当てはまらない	まったく当てはまらない
7	校内でいじめや友だちとのトラブルはない	とても当てはまる	だいたい当てはまる	あまり当てはまらない	まったく当てはまらない
8	チームや班のリーダーを任されることがある	とても当てはまる	だいたい当てはまる	あまり当てはまらない	まったく当てはまらない
9	友だちに優しくしている	とても当てはまる	だいたい当てはまる	あまり当てはまらない	まったく当てはまらない
10	友だちの気持ちを想像して、大切にしている	とても当てはまる	だいたい当てはまる	あまり当てはまらない	まったく当てはまらない
		○の数　×4	○の数　×3	○の数　×2	○の数　×0
		⊕　　点	⊕　　点	＝　　点	計　　点

Ⅳ 自己管理（じこかんり）

次の問いに、a とても当てはまる（4点）／b だいたい当てはまる（3点）／c あまり当てはまらない（2点）／d まったく当てはまらない（0点）で答え、○をつけましょう。10問チェックしたら合計点を計算しましょう。

		a（4点）	b（3点）	c（2点）	d（0点）
1	体調がよいと感じている	とても 当てはまる	だいたい 当てはまる	あまり 当てはまらない	まったく 当てはまらない
2	食事がおいしいと感じている	とても 当てはまる	だいたい 当てはまる	あまり 当てはまらない	まったく 当てはまらない
3	朝、決まった時間にすっきりと起きている	とても 当てはまる	だいたい 当てはまる	あまり 当てはまらない	まったく 当てはまらない
4	自分の長所がわかっている	とても 当てはまる	だいたい 当てはまる	あまり 当てはまらない	まったく 当てはまらない
5	自分の短所がわかっている	とても 当てはまる	だいたい 当てはまる	あまり 当てはまらない	まったく 当てはまらない
6	気持ちが安定している	とても 当てはまる	だいたい 当てはまる	あまり 当てはまらない	まったく 当てはまらない
7	ストレスを感じていない	とても 当てはまる	だいたい 当てはまる	あまり 当てはまらない	まったく 当てはまらない
8	ストレス解消（かいしょう）となる「趣味（しゅみ）」「好（す）きなこと」がある	とても 当てはまる	だいたい 当てはまる	あまり 当てはまらない	まったく 当てはまらない
9	苦手なことでも前向きにがんばっている	とても 当てはまる	だいたい 当てはまる	あまり 当てはまらない	まったく 当てはまらない
10	困（こま）ったら相談したり、サポートを受けたりしている	とても 当てはまる	だいたい 当てはまる	あまり 当てはまらない	まったく 当てはまらない
		○の数 ×4	○の数 ×3	○の数 ×2	○の数 ×0
		⊕ 点	⊕ 点	＝ 点	計 点

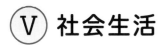

Ⅴ 社会生活

次の問いに、a とても当てはまる（4点）／ b だいたい当てはまる（3点）／ c あまり当てはまらない（2点）／ d まったく当てはまらない（0点）で答え、○をつけましょう。10問チェックしたら合計点を計算しましょう。

		a（4点）	b（3点）	c（2点）	d（0点）
1	規則正しい生活をしている	とても当てはまる	だいたい当てはまる	あまり当てはまらない	まったく当てはまらない
2	家の手伝いをよくしている	とても当てはまる	だいたい当てはまる	あまり当てはまらない	まったく当てはまらない
3	料理を作っている	とても当てはまる	だいたい当てはまる	あまり当てはまらない	まったく当てはまらない
4	自分の机や部屋を片づけている	とても当てはまる	だいたい当てはまる	あまり当てはまらない	まったく当てはまらない
5	家でリラックスして過ごしている	とても当てはまる	だいたい当てはまる	あまり当てはまらない	まったく当てはまらない
6	スマホを使わない時間を決めている	とても当てはまる	だいたい当てはまる	あまり当てはまらない	まったく当てはまらない
7	個人情報を意識し、気をつけている	とても当てはまる	だいたい当てはまる	あまり当てはまらない	まったく当てはまらない
8	お金を管理し計画的に使っている	とても当てはまる	だいたい当てはまる	あまり当てはまらない	まったく当てはまらない
9	大事な連絡を家の人に伝えている	とても当てはまる	だいたい当てはまる	あまり当てはまらない	まったく当てはまらない
10	新聞やニュースをよく見ている	とても当てはまる	だいたい当てはまる	あまり当てはまらない	まったく当てはまらない
		○の数　　×4	○の数　　×3	○の数　　×2	○の数　　×0
		＋　点	＋　点	＝　点	計　点

9

学校生活チェック の結果から
「得意・苦手」を知ろう

「学校生活チェック」①〜Ⓥそれぞれの点数を、下のグラフに書き込んで線で結んでみましょう。
あなたの「得意・苦手」が一目でわかるようなグラフにして、自己理解を深めましょう！ 結果
をこれからの学びに生かしてみてくださいね。

● 「学校生活チェック」結果グラフ

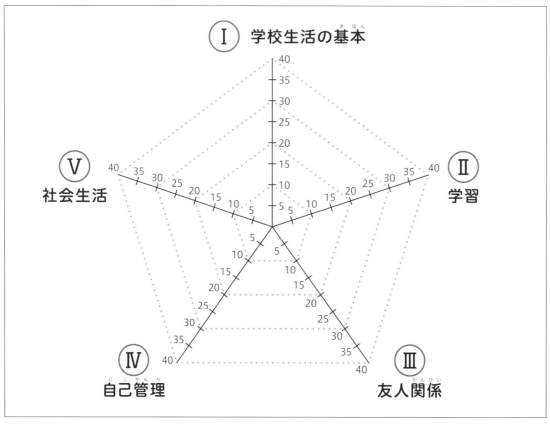

40点〜30点／自分に合ったやり方を見つけて実践できています！ この調子で！
29点〜20点／あと少しのくふうで学校生活がもっと楽しくなりそう！
19点〜10点／うまくいっていないことは相談し、自分に合った方法を見つけよう。
9点 〜 0点／苦手があっても大丈夫！ サポートを活用し、身近な人に一緒に考えて
　　　　　　もらおう。

●あなたができていること、がんばっていることはどんなこと？	●今はまだできていないこと、くふうが必要なことは、どんなこと？

●先生や家の人から応援メッセージ

自分に合った過ごし方を知ろう

「学校生活チェック」の点数をもとに、毎日の過ごし方のアドバイスを読み、学校生活を自分らしく送るためのヒントにしてみましょう！

Ⅰ～Ⅴのグラフの点数は？　得意 **40点** ← **20点** → 苦手 **0点**

項目	得意な人へのアドバイス	苦手な人へのアドバイス	関連スキル
Ⅰ 学校生活の基本	学校生活をくふうしながら過ごすことができています！「あまり当てはまらない」「当てはまらない」をつけた項目から学んで、さらに自分らしい学校生活を送りましょう！	学校生活のなかで困っていることもあるようです。学校生活の基本が整うように、関連スキルを通してあなたに合う方法を見つけましょう。	スキル2～5（スキル13）
Ⅱ 学習	自分に合う方法で学習に取り組んでいます！日々の積み重ねを大切に、できること、わかることを増やしましょう。「継続は力なり」です。	学習の取り組みに課題があるようです。得意なこと、苦手なことに向き合って、自分に合う勉強方法をくふうしましょう。先生にもアドバイスをいただくとよいですよ。	スキル6～8
Ⅲ 友人関係	友だちとよい関係を築いているようです！自分自身も友だちも大切に、よりよい関係を作っていきましょう。	友人関係に悩みはありませんか？友だちと関わるコツを学び、お互いに理解し合える友だちを、少しずつ作っていきましょう。	スキル9～11
Ⅳ 自己管理	心と体の健康が整っているようです！もし困ったことがあれば、周囲の人に相談し、元気な生活を送れるようにしましょう。	心と体の健康について見直してみませんか？自分自身の心と体を整え、規則正しい元気な生活を送る方法について、考えてみましょう！	スキル12～17
Ⅴ 社会生活	日々の生活が安定しているようです。将来の自立に向けて生活面でもできることを増やし、大人になる準備をしていきましょう。	毎日の過ごし方に課題があるようです。生活スタイルを見直し、将来の自立に向けてできることを増やしていきましょう。	スキル18～20

結果の例

これから一緒に学ぶ、5人の「学校生活スキルチェック」の結果を見てみましょう。あなたの結果にグラフの形が似ている人はいますか？

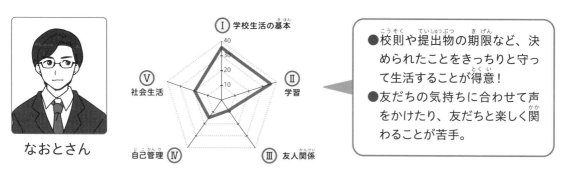

なおとさん

● 校則や提出物の期限など、決められたことをきっちりと守って生活することが得意！
● 友だちの気持ちに合わせて声をかけたり、友だちと楽しく関わることが苦手。

●先生・保護者の方向け　**人づき合いが苦手な生徒** への指導・支援のポイント

「人づき合い」など目には見えないあいまいで複雑なものは、本人にとってはわかりにくいところです。「当たり前」と思えるようなことでも「ルール」「コツ」として具体的に伝えたり、身近なことに置き換えて練習したりして、「こうしたらうまくいく！」「そういうことか！」が実感できるように支援しましょう。

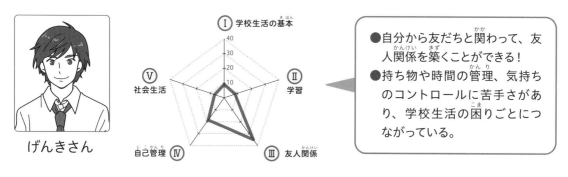

げんきさん

● 自分から友だちと関わって、友人関係を築くことができる！
● 持ち物や時間の管理、気持ちのコントロールに苦手さがあり、学校生活の困りごとにつながっている。

●先生・保護者の方向け　**気持ちのコントロールが苦手な生徒** への指導・支援のポイント

自分の気持ちを言葉で伝えられず、怒りや不安の形で示してしまうことがあります。まずは自分の気持ちに気づき、「どんな気持ちなのか」「どうしたいのか」を言葉で伝えられるよう練習します。気持ちが落ち着いているときにストレスマネジメントのコツ（→ p.75参照）を学んで、自分で気持ちを切り替えられるように支援しましょう。

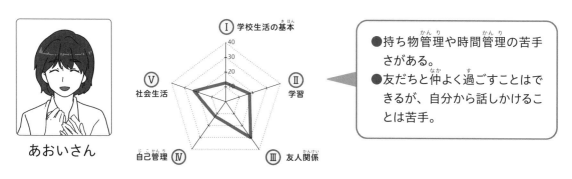

あおいさん

● 持ち物管理や時間管理の苦手さがある。
● 友だちと仲よく過ごすことはできるが、自分から話しかけることは苦手。

●先生・保護者の方向け　**自己管理（時間や持ち物の管理）が苦手な生徒** への指導・支援のポイント

遅刻や忘れ物が多いと「だらしがない生徒」と思われがちですが、計画の立て方や持ち物の準備などの方法がわからず困っている可能性があります。「手帳を活用する」「持ち物リストを作成する」など、具体的な方法を伝えて支援しましょう。

まなぶさん

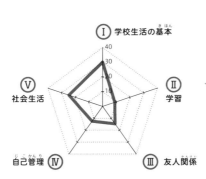

● 規則正しい生活や部屋の片づけなど、自立に必要なスキルは身についている！

● 話の聞き方やノートのとり方など、自分に合った授業参加の方法が見つけられていない。話すこと、発言することも苦手。

●先生・保護者の方向け　学習に苦手さがある生徒　への指導・支援のポイント

「読む／書く／聞く／話す」のそれぞれの力の差に注目します。得意な力・苦手な力が把握できたら、困難さに合わせたツールの活用（スマホ・タブレットを活用する→p.38参照）を提案し、自分に合った学び方を見つけられるよう支援しましょう。

さくらさん

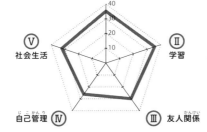

● 学校生活に必要なスキルは身についており、問題なく過ごすことができている！

● できることが多い半面、何事も一生懸命がんばり過ぎてしまったり、困ったときに相談したりすることが苦手。

●先生・保護者の方向け　学校生活を問題なく過ごしているように見える生徒　への指導・支援のポイント

大きな問題がないように見えても「自分らしくリラックスして過ごせているか」「楽しく過ごせているか（困っていることはないか）」をふり返る場面を設けます。日ごろから積極的に声をかけ、困ったときにいつでも相談できる関係を作っておきましょう。

5人の結果を見て、考えてみよう

● あなたに一番似ているのは誰？　その理由は？

	理由：
さん	

● あなたと一番仲よくなれそうなのは誰？　その理由は？

	理由：
さん	

目次

基礎

あなたはどんな人？
自分を知ることから始めよう

あなたは、どんな人ですか？　人は誰でも得意なこと、苦手なことがあります。「多様性」（個人の違いを認め合うこと）という言葉があるように一人ひとりには個性があるので、他人と「違う」ことは決してはずかしいことではありません。まず「自分」について考えることから始め、自分をよく理解し、あなただけの大きな目標を見つけていきましょう。

☑ 「いま」をチェック！

☐ 自分の長所が言える

☐ 自分の短所が言える

☐ 将来の目標がある

みんなと同じことができなくて、自分に自信がもてませんでした……「他人と違っていい」ってほんと？

ステップの流れ

ステップ１　「自分の説明」をしてみる

ステップ２　「自分のこれまで」をふり返ってみる

ステップ３　大きな目標を見つける

先生・保護者の方へ　指導・支援のポイント

　現代は、「みんな同じである」ことより「一人ひとりの個性」が尊重される時代ですが、十代の多感な時期にはその個性のよさに気づけない生徒もいます。長所や短所、得意なことや苦手なことも含めた「自分」を大切にとらえることから始めましょう。先生や保護者の方は、生徒が毎日がんばっていることを認め、具体的な言葉にして伝えてあげてください。これまでに支えてくれた人の存在に気づき、今、目の前にある課題だけでなく「自分がどうありたいのか」「どんな人になりたいのか」など、将来の大きな目標をイメージできるように支援してください。

声かけの例

△「もっと自分に自信をもったほうがいいよ」

◯ あなたのまじめで一生懸命なところは長所だと思うよ

△「将来はどうしたいの？」

◯ 自分の好きなこと、得意なことを生かす方法を、ゆっくり考えていこう

年　　　　月　　　　日

ステップ 1　「自分の説明」をしてみる

ポイント

あなたは世界にたった一人の大切な人である

好きなこと、得意なこと、苦手なこと……、あなたのすてきな個性について書き出し、「自分らしさ」を誰かに伝えてみましょう。身近な人にあなたのことを理解してもらうきっかけになりますよ。

ワーク1　「自分の説明」をしよう（わからなかったところは、まわりの人にも聞いてみてね）。

名前：(　　　　　　　　　　　　　)

【自画像を描こう】

好きなこと

得意なこと

苦手なこと

長所

短所

ワーク2　自分の「よいところ」を3つ書いてみよう。

①(　　　　　　　　　　　　　　　　　　　　　　　　　　　　)

②(　　　　　　　　　　　　　　　　　　　　　　　　　　　　)

③(　　　　　　　　　　　　　　　　　　　　　　　　　　　　)

ワーク3　わかったこと・気づいたこと

自分の「よいところ」見つけちゃいました！

17

年　　　月　　　日

ステップ2 「自分のこれまで」をふり返ってみる

ポイント あなたは、これまでの経験と出会いからできている

これまでの出来事や経験、出会い、がんばってきたことや乗り越えてきたことをふり返って、自分自身の成長を確かめましょう。あなたを応援してくれた人がたくさんいますね。

ワーク1　これまでの自分をふり返って書こう。

	幼児期	小学校1〜3年	小学校4〜6年	中学生（〜現在）
園・学校	例：ひよこ保育園	例：桜小学校	例：桜小学校	例：桜中学校
思い出・出来事	例：おゆうぎ会で主役に挑戦した	例：サッカークラブで毎日練習をした		
出会った人や人との関わり	例：妹が生まれた！	例：担任の先生ががんばり屋なところをほめてくれた		

ワーク2　「特にがんばったこと」「自分を支えてくれた人」についての思い出を書こう。

●特にがんばったこと

●自分を支えてくれた人

ワーク3　わかったこと・気づいたこと

鉄道一筋15年……。電車への愛は変わっていませんね。

年　　月　　日

ステップ 3　大きな目標を見つける

ポイント

具体的なイメージをもつ

みなさんはまだ長い人生のスタートラインにいます。少し先の将来、自分がどんな大人になって、どんなことをしていたいか、具体的にイメージしてみましょう。

ワーク1

① 将来の夢や理想の生き方について書いてみよう（どこで・誰と・何をしている？）。

② 「社会の一員」として、社会や自分以外の誰かのために、どんなことができるか自由に書いてみよう。　例：薬の研究をして難しい病気で困っている人を治す薬を開発する。

③ あなたが目標とする大人の人を見つけて書いてみよう。

名前

理由

ワーク2　将来の目標に近づくために、「いつ・何をするか」を3つ考えてみよう。

例：薬の研究をして病気の人を治したい！⇒ 薬学部の情報を調べる

●

●

●

ワーク3　わかったこと・気づいたこと

10年後のオレは
社長でクリエイターになって、
いろいろなアイデアで
みんなを楽しませているよ！

19

学校生活の基本

清潔感が大事！
身だしなみ術

今日は家を出るときに鏡を見て来ましたか？　おしゃれが好きな人もいれば、全然興味がないという人もいるでしょう。
人の外見が相手に与える第一印象は、意外と大きいものです。
十代のみなさんにまずマスターしてほしいのは「清潔感」。
さわやかな身だしなみは、きっとあなたをすてきに見せてくれますよ。

☑ **「いま」をチェック！**

☐ 外出前に鏡を見ている

☐ ポケットにハンカチが入っている

☐ 季節ごとに衣替えをしている

☐ ふだんの服装は自分で選んでいる

人間、中身で勝負！
鏡なんて見ている
ひまがあったら、もっと
寝ていたいんですけど……。

ステップの流れ

ステップ１　清潔感のある身だしなみ

ステップ２　季節や天気に合う服を選ぶ

ステップ３　自分らしさをコーディネートする

先生・保護者の方へ　指導・支援のポイント

　「清潔感」とは、おしゃれなことではなく、「汚れがなく衛生的である」ことです。中・高生の身だしなみは、ちょっと格好をつけたくて派手な服装や髪型になってしまったり、反対に服装には無頓着で保護者任せだったりと、個人差も大きいところです。人は外見より中身が大事なのはもちろんですが、その一方で「見えている部分が相手に与える印象は大きい」ことにも気づけるようにしましょう。「清潔感のある服装」「季節に合う服装」について具体的に知り、朝の支度が少し前向きになるようなアドバイスをお願いします。

声かけの例

△「いつも髪の毛がボサボサだね」

○［ ポケットにくしを入れて
おくといいんじゃない？ ］

△「またズボンからシャツが出ていて、だらしないよ」

○［ シャツはズボンに入れて
おいたほうが、かっこいいよ ］

年	月	日

清潔感のある身だしなみ

ポイント

おしゃれよりも清潔感

中高生らしく清潔感のある身だしなみは、まわりの人に「しっかりとした、気持ちのよい人だ」という印象を与えます。ふだんの「身だしなみ」をチェックしてみましょう。

髪の毛はとかした？
洗顔や歯みがきをした？

えりが立っていたり、
シャツのすそが出ていない？

くつのかかとを踏んでいない？

つめは短く
切っている？

ワーク1　あなたの身だしなみをチェックしてみよう！　（できている＝○／あと少し＝△）

寝ぐせを直している／（長髪の場合）とかしたり結んだりしている	
顔を洗っている	
歯みがきをしている	
ひげの手入れをしている（男子）／外出前に鏡でチェックしている	
衣服・制服を正しく着ている（シャツが出ていたり、えりが立っていたりしない）	
つめを短く切っている	
くつを正しく履いている（かかとを踏んでいない）	
派手すぎるメイクやアクセサリーをつけていない	

ワーク2　実際に鏡を見ながら身だしなみを整えてみよう。→どんなところを直しましたか？

スマホで撮影してみると、まわりの人からどう見えているかがわかりやすいよ！

ワーク3　わかったこと・気づいたこと

△がたくさんあってびっくり！
明日は鏡を見て来ます。

年　　月　　日

季節や天気に合う服を選ぶ

ポイント

半そでの目安は、気温25度！

服装を選ぶときには「かっこいい」「着心地のよさ」だけでなく、季節やその日の天気や気温に合わせてくふうしましょう。気温25度以上は半そで、気温15度以下で上着を着る、など目安を決めておくといいですよ。

> 今日は14度だから
> 上着を着よう！

ワーク1　天気や気温に合うコーディネートを考えてみよう。（イラストで描いてもOK！）

5月×日／晴れ
最高気温28度、最低気温20度
- - - - - - - - - - - - - - - - - - -

例：半そでのブラウス・薄手のカーディガン・スカート

11月△日／雨
最高気温12度、最低気温3度
- - - - - - - - - - - - - - - - - - -

例：セーター・スカート・薄手のコート・ブーツ

ワーク2　今日の天気・気温に合うコーディネート、持ち物を考えよう。

ワーク3　わかったこと・気づいたこと

> 「おしゃれ」は
> 朝の天気予報から
> 始まるのね！

年　　月　　日

ステップ 3　自分らしさをコーディネートする

ポイント

自分の「好き」を取り入れる

「自分らしさ」「好き」を服装に取り入れて、中・高生らしいおしゃれを楽しみましょう！　見た目を少し変えるだけで、相手からの印象もよくなり自分のテンションも上がりますよ！

好きな色は？

よく服を買いに行くお店は？

似合うと思う色は？

どんな自分になりたい？

ワーク1　「自分らしさ」を取り入れた、週末のコーディネートを考えてみよう。

選びたい色

着心地のよい素材

お気に入りの服・ブランド

参考にしたい芸能人

【イラスト】

ワーク2　今ほしいアイテム（洋服、小物）を書いておこう。

ワーク3　わかったこと・気づいたこと

大好きな春色の服、思い切って着てみようかな……！

学校生活の基本

忘れ物ゼロ！
持ち物管理術

学校の持ち物は毎日たくさんあって大変ですよね。ちょっとカバンの中をのぞいてみてください。必要なものをすぐに取り出すことができますか？　メガネやカギなど大事なものをいつも探していませんか？ロッカーの整理整頓は？「また忘れちゃった！」「またなくなった！」の前に、持ち物管理のコツを身につけましょう。

☑ 「いま」をチェック！

☐ 前日に翌日の準備ができている

☐ かばんの中にゴミが入っていない

☐ 今週は忘れ物をしていない

☐ カギや財布を入れる場所を決めてある

いつもかばんに全教科の教科書を入れておきます。出したり入れたりが面倒だから……。

ステップの流れ

ステップ1　必要なものをすぐに見つける

ステップ2　忘れ物防止リストを作る

ステップ3　ロッカーの整理整頓をする

先生・保護者の方へ 指導・支援のポイント

　忘れ物が多い生徒は、忘れたくて忘れているわけではなく、「必要なものを必要なときに用意する」ための情報の整理がうまくいっていないのだと考えましょう。使わないものがかばんに入ったままだったり、忘れ物やなくし物が多かったりすると「だらしがないな」と思ってしまいがちですが、注意されても「忘れない」「なくさない」ための具体的な方法に気づいていないだけなのです。整理整頓され、忘れ物が少なくなれば、生活も快適になります。持ち物リストなどのツールを活用して、「忘れ物ゼロ！」に近づけられるよう支援しましょう。

声かけの例

△「忘れ物をしたらダメだよ」

○ ［ 明日は数学のノートをかばんに入れてきてね ］

△「大事なプリントだから、なくさないように」

○ ［ 大事なプリントをなくさないように、今ここでファイルに入れてから帰ろう ］

年　　月　　日

ステップ
1

必要なものをすぐに見つける

ポイント

整理整頓とは、必要なものをいつでもすぐに
取り出せる状態のこと

学校生活に欠かせない筆箱とかばんをすっきりさせて、探し物の時間を減らしましょう。

【手順】

| ①もっている
ものをすべて
出す | ▶ | ②いるものと
いらないもの
に分ける | ▶ | ③いらないものは
捨てる（または
かばんから出す） | ▶ | ④ものの住所
（しまう場所）
を決めておく |

ワーク1　実際に、学校にもっていくかばんの整理整頓をしよう。

① かばんのなかに<u>いつも入れておくもの（いるもの）</u>はいくつ？　すべて書き出そう。

....

....

....

② 入っていた「いらないもの」を書き出そう。

> 処分するか
家に置いておこう。

ワーク2　かばんと同じように筆箱の整理整頓をしよう。

確認しておこう

- ☐ えんぴつが削ってあり、シャープペンシルはすぐに使える状態で芯の予備もある
- ☐ ペンのインクはすべて出る
- ☐ 同じペンが何本も入っていない
- ☐ ゴミや関係ないものが入っていない

ワーク3　わかったこと・気づいたこと

> かばんのなかを必要なもの
だけに減らしたら、
重さが半分になってラク！

....

25

ステップ 2　忘れ物防止リストを作る

ポイント

毎日使うものは、特別扱い

毎日使うものをリストアップして、入れるところ、置くところを決めて「特別扱い」する習慣をつけましょう。使ったら必ずもとに戻すのがポイントです。

毎日カバンに入れておくもの
- ☐ 筆箱（えんぴつ・ボールペン・消しゴム）
- ☐ プリントを入れるファイル
- ☐ 定期…

財布やスマホなど特になくすと困るものは「貴重品」と呼びます。移動するときには必ずもち歩こう！

ワーク1

① 毎日使う「特別扱い」するものをリストにしてみよう。　例：自転車のカギ、財布……

- ☐ ....
- ☐ ....
- ☐ ....

- ☐ ....
- ☐ ....
- ☐ ....

② 特別扱いするものの「入れるところ」「置くところ」を書いてみよう。

●入れるところ

- ☐ 財布 ....
- ☐ 定期 ....
- ☐ スマホ

●置くところ

- ☐ 財布 ....
- ☐ 定期 ....
- ☐ スマホ

ワーク2　明日の持ち物を準備してみよう。

●授業がある教科と持ち物

....

●授業以外で必要なもの

ワーク3　わかったこと・気づいたこと

....

毎日使うもののリストは玄関に貼っておくようにしよう！

年　　月　　日

ステップ 3 　ロッカーの整理整頓をする

ポイント

定位置とは「ものの住所」。使ったら戻す

●ロッカー整理のコツ

教科書は立ててしまう

教科書は上、部活の荷物は下の段など定位置を決める

教科書　辞書　ノート

ラベルを貼ったり撮った写真を貼ったりして、いつでも同じ場所にしまえるようにする

ワーク1　　次のものを置く場所を決めて書き入れよう。

教科書5冊／資料集と参考書各1冊／英和辞書1冊／ジャージ／体育館ばき／絵の具セット

くふうしたポイントは？

ワーク2　　実際に自分のロッカーを整理整頓しよう。

○どんなところが使いやすくなりましたか？

ヒント　不要なものをもち帰れるように、大きめのふくろを準備してから始めよう。

ワーク3　　わかったこと・気づいたこと

教科書を立ててしまえるように、ブックエンドを買ってみよう！

1日を「見える化」！
自分の時間管理術

毎朝自分で起きていますか？
家に帰るとついついスマホやゲームに時間を使ってしまい、
その日にやることが終わらない、なんてことはありませんか。
誰にとっても1日は24時間。あっという間に過ぎてしまう時間も、
「見える化」すると、うまく活用できるようになりますよ。

☑ 「いま」をチェック！

- □ 腕時計もしくは時計を使っている
- □ いつも同じ時刻に起きる
- □ 遅刻はしていない
- □ 十分な睡眠時間をとっている

ゲームをしていると時間が
消えちゃうんです。1日が
24時間だと足りないん
ですよねえ……。

ステップの流れ

ステップ1	24時間を「見える化」する
ステップ2	朝はルーティーンで乗り切る
ステップ3	時間逆算で遅刻知らず

先生・保護者の方へ 指導・支援のポイント

　遅刻がちの生徒は時間にルーズなように見えて、本人も困っているかもしれません。「やらなくては
いけないこと」はわかっているはずなのに優先順位を判断できず、行動に移すきっかけがつかめない
まま、ゲームなど目の前の世界に没頭してしまうこともあるでしょう。「時間」という目には見えない
ものをいったん「見える化」し、何にどのくらい時間が必要なのかを把握して「自分時間」をカスタマ
イズできるよう支援しましょう。

声かけの例

△「スマホばっかりやっていたらダメだよ」

○ 毎晩20：00になったら、
明日必要なものを
そろえようね

△「来週の面接に遅刻しないようにね」

○ 月曜日は9：00から面接開始だから、
8：30には学校に来ていると安心
だね。何時に起きて何時に家を
出るかを決めて書いておこう

年　　月　　日

24時間を「見える化」する

ポイント

24時間を有効に

自分の24時間を書き出すことで、時間の使い方が見えてきます。

13 30 14 30 15 30 16	30 17	30 18	30 19	30 20	30 21	30 22	30 23 24

学校	部活	下校	スマホ ゲーム	夕飯	食器 洗い	宿題	テレビ	入浴	睡眠

ワーク1　あなたの24時間の使い方を書き出してみよう。

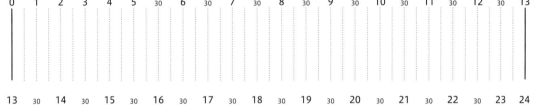

0　1　2　3　4　5　30　6　30　7　30　8　30　9　30　10　30　11　30　12　30　13

13　30　14　30　15　30　16　30　17　30　18　30　19　30　20　30　21　30　22　30　23　24

●チェックしてみよう！

・睡眠時間／（　　　　）時間

・勉強時間／（　　　　）時間

・スマホやゲームをする時間／（　　　　）時間

ワーク2　自分の24時間をふり返って、改善ポイントを3つ挙げてみよう。

①

②

③

ワーク3　わかったこと・気づいたこと

1日3時間もゲームを
していたとは……
寝不足なわけだ……。

29

ステップ 2 　朝はルーティーンで乗り切る

ポイント

ルーティーンとは、決まった行動のこと

忙しい朝は「起床⇒洗顔⇒着替え…」のように、身じたくの手順を「ルーティーン」にしておくと、あせらずあわてずスムーズに行動できます。

例）　7：00〜／起床
　　　7：05〜／洗顔
　　　7：10〜／着替え
　　　7：15〜／朝食…

朝の時間だけでなく
「寝る前のルーティーン」
などを決めると、
準備に時間がかからない！

ワーク1　起床〜登校までの「朝のルーティーン」を決めよう。

：　〜	起床	
：　〜		
：　〜		
：　〜		
：　〜		
：　〜	登校	

ワーク2　朝のルーティーンを実際に1週間やってみよう。

○毎日同じ行動ができましたか？
○改善点を見つけよう

ヒント　慣れるまではルーティーンを紙に書いて壁に貼ってすぐに見られるようにしてみよう。行動の開始時刻にスマホのアラームをセットするのも◎。

ワーク3　わかったこと・気づいたこと

「ルーティーン」って
朝の時間割を決める
イメージかな？

年　　　月　　　日

ステップ 3　時間逆算で遅刻知らず

ポイント　「逆算」とは「ゴールから考える」こと

「学校に着く時間」や「バスに乗る時間」などゴールの時間から計画を立てることで、遅刻をしないで生活することができます。時間の使い方を「見える化」しながら逆算してみましょう。

「8：00に学校に着く」をゴールにすると……

ワーク1　朝起きてから登校までの時間を逆算してみよう。

・朝食を食べる時間 ………（　　　）分
・身じたくにかかる時間……（　　　）分
・通学時間 ………………（　　　）分

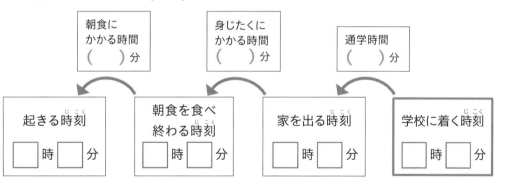

ワーク2　校外学習のために朝7：00に学校に集合するには何時に起きる？　「逆算」して考えよう。

ワーク3　わかったこと・気づいたこと

いつもぎりぎりの到着になるから、少し早めに家を出よう。

学校生活の基本

毎日を大切に！
手帳・日記活用術

学校のスケジュールはどのように管理していますか？
テストや行事もあり、1年はあっという間ですね。
スマホで予定を管理できるアプリも便利ですが、書き込んで、
全体を「見える化」して管理できる、紙の手帳もぜひ活用してみて
ほしいと思います。あなたの大切な1日を有効に使えますように。

☑ 「いま」をチェック！

- ☐ 部屋にカレンダーがある
- ☐ 手帳をもっている
- ☐ スケジュールアプリを使っている
- ☐ 今週の予定が言える

スケジュールはスマホで
管理しているけれど、
手帳には毎日の出来事を
書き留めています。
その時の気持ちが
整理できますよ。

ステップの流れ

ステップ1　手帳を使ってみる
ステップ2　アプリも活用する
ステップ3　日記でふり返る

先生・保護者の方へ　指導・支援のポイント

　マイペースな生徒は、周囲の状況に合わせて計画を立てたり行動したりすることが得意ではありません。またいったん決まった予定を重んじるあまり、急な変更があると気持ちが乱れ、柔軟に対応することが難しいという生徒もいます。「だいたいの見通しを立てる」ことや「変更があった場合には調整する」ことを、生徒のタイプに合わせて支援していきましょう。手帳には予定だけでなく「その日の出来事」「感じたこと」を書いておくことも、1日をふり返るきっかけを作るという点でおすすめです。

声かけの例

△「来週は授業の変更があるから、忘れないでね」

○［来週のページに、変更になった授業の予定を書き入れておこう］

△「そろそろ運動会の練習が始まるよ」

○［運動会の日付だけでなく、練習がある期間と時間も書き入れておいてね］

ステップ 1

手帳を使ってみる

ポイント

「今日の自分」を見える化する

「手帳」を用意し、予定ややるべきことを書き入れましょう。1か月、1週間ごとの予定が一目で確認でき、先の見通しをもつことができます。

●あなたに合うのは、どっちの手帳？

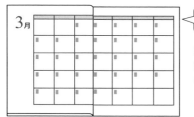

3月

マンスリー手帳

カレンダーと同じ形式で、1か月の予定を把握しやすい

月
火
水
木
金
土
日

ウィークリー手帳

提出物や持ち物など細かいことをメモするのに向いている

ワーク1 下の手帳のマンスリーページに、以下の予定を記入してみよう。

カラーペンで色分けしたり、記号やシールを使ってわかりやすくするのも◎

・中間テスト　5/11（水）〜5/13（金）
・体力測定　5/18（水）→体操着をもって行く
・サッカー部　練習試合　5/21（土）→10:00に駅集合

日	月	火	水	木	金	土
8	9	10	11	12	13	14
15	16	17	18	19	20	21

ワーク2 今月・来月の予定を手帳に書き入れてみよう。

・テストの日程／行事／部活動／習い事／アルバイト……など

（ヒント）学校の予定はホームページや学校からのおたよりを確認しよう。

ワーク3 わかったこと・気づいたこと

お気に入りの手帳を早速買いに行ってみよう！

年　　　月　　　日

ステップ 2　アプリも活用する

アプリは、強い味方

アプリとは、目的に応じて活用できるソフトウエア。紙の手帳とあわせて、カレンダーアプリも活用してみましょう。便利な機能がたくさんありますよ。

アラームで予定を知らせてくれる

どのパソコンやスマホからでも見られる

家族や仲間と予定を共有できる

ワーク1　それぞれのアプリ・機能について、予定を管理するためにどのような使い方ができそうか考えてみよう。

カレンダーアプリ	タイマーやアラームなどの機能	メモアプリ

ワーク2　スマホやパソコンのカレンダーアプリに、今月・来月の予定を入力してみよう。

（ヒント）カレンダーアプリにはどんな機能があるか、確認してみよう。

ワーク3　わかったこと・気づいたこと

手帳をなくしても、スマホでも予定が見られると安心！

年　　　月　　　日

ステップ 3　日記でふり返る

ポイント

日記は自分の記録

手帳に毎日の記録をつけることもおすすめです。日々の出来事やそのときの気持ちをふり返ることができ、がんばっているあなたを励ましてくれます。

気持ちや体調をメモしておく

目標が達成できた日に印をつける

よかったこと、うれしかったことを書く

ワーク1

1週間をふり返りながら「楽しかったこと」「がんばったこと」「印象に残ったこと」などを自由に書いて「1行日記」を完成させてみよう。

例：5／2　月　…　今日初めてクラスメイトの○○さんと話をした。優しい人だ。

／	日	
／	月	
／	火	
／	水	
／	木	
／	金	
／	土	

ワーク2　今日1日のことをふり返って日記を書いてみよう。

ヒント　「夕飯がおいしかった」「小テストが難しかった」など、どんなささやかなことでもOK！

ワーク3　わかったこと・気づいたこと

文章で表せない日は、気持ちに合わせたイラストを描いてみよう♪

自分に合う方法を知る！
授業参加術 1（読む・書く）

授業に必要とされる「読む」「書く」力。あなたは自信がありますか？
もし「読むこと」「書くこと」が苦手でも、授業に参加する方法は
たくさんあります。苦手な部分はツールやサポートを活用し、
授業のなかの「できた！」「わかった！」を増やしましょう。

☑ 「いま」をチェック！

☐ 黒板の文字がよく見えている

☐ 教科書の音読が負担なくできる

☐ 板書をノートに書くことができている

☐ 授業でスマホやタブレットを使ったことがある

「聞きながら書く」ことが苦手
だから、聞いておぼえてから
書くんだけど、先生の話が長い
と覚えられなくて大変……。
授業が終わるとクタクタです。

ステップの流れ

ステップ1　ノートの取り方をくふうする

ステップ2　スマホ・タブレットを活用する

ステップ3　合理的配慮を知る

先生・保護者の方へ　指導・支援のポイント

　授業中にずっと寝ていたり、集中していない生徒のなかには、学習の基本的なスキルである読み書きの困難さが原因の場合があります。「ノートを取りたくない」のではなく、「黒板の文字を正確に読み取ることが難しい」「読むのにとても時間がかかる（疲れる）」「書くことが苦手で、時間がかかる」「文字を枠のなかに書き入れることが苦手」「話を正確に聞き取れない」などが理由であることに、本人も先生も気づいていない場合もあるのです。「どんなことが苦手なのか」をよく理解し、本人の特性や苦手さに合わせた「合理的配慮*」について、特別支援教育の専門家も交えて検討していくことが大切です。

*障害者差別解消法に基づくもので、誰もが平等に学べるよう一人ひとりの特性に合わせて学び方をくふうすること。

声かけの例

△「もっとよく見て読んでね」

◯［ この文字の大きさは、
　　よく見えていますか？ ］

△「早く書き写さないと黒板を消してしまいますよ」

◯［ どこまで書けていますか？
　　あとでプリントを渡すから
　　途中まででも大丈夫ですよ ］

年	月	日

ステップ1　ノートの取り方をくふうする

ポイント

「日付」「テーマ」「教科書のページ」から書く

〈ノート例〉

「日付」「テーマ（タイトル）」
「教科書のページ数」を書こう！

4／21　選挙権と被選挙権（p,15）

「見出し」に
番号をつけよう

1．選挙権とは

投票する権利

蛍光ペンを使う

18歳以上の全国民がもつ権利

先生が赤で書いた
ところは同じように
赤で書こう！

2．被選挙権とは

選挙に立候補する権利

⇒衆議院議員選挙は満25歳から立候補できる

見返しやすいよう余白を入れよう　　　読みやすい大きさ・濃さでていねいに書く

ワーク1　〈ノート例〉を見ながら、下に同じように写してみよう。

ワーク2　マス目や太いケイ線、色つきの紙など、自分が書きやすいと思うノートを探してみよう。

ワーク3　わかったこと・気づいたこと

マス目のついたノートが
あればいつもより読みやすい
字で書けるかも！

年　　月　　日

ステップ 2 スマホ・タブレットを活用する

ポイント

手助けしてくれるツールはたくさんある

〈スマホ・タブレット、パソコンの活用の例〉

教科書の読み上げアプリ

電子教科書

黒板を撮影して授業後にノートをまとめる

細かい図表は拡大表示して確認する

レポートはキーボード入力で作成する

アプリで練習問題に取り組む

ワーク1　授業中にあなたが大変だと感じることがあれば○をつけよう。

・文章を正確に　　　　（　　　　）読むこと　／　（　　　　）書くこと
・文章をすらすら早く　（　　　　）読むこと　／　（　　　　）書くこと
・漢字を正しく　　　　（　　　　）読むこと　／　（　　　　）書くこと
・黒板の文字を　　　　（　　　　）読むこと　／　（　　　　）書き写すこと

★その他　…　（　　　　　　　　　　　　　　　　　　　　　　　　　　　　）

○「読む」「書く」の負担を少なくしてもっと授業に参加しやすくなるくふうを先生と相談しながら考えてみよう。

....

....

....

ワーク2　授業や学習でスマホ・タブレットを活用してみよう。

ヒント　まずは担任の先生に相談してみよう。

ワーク3　わかったこと・気づいたこと

....

スマホはSNSやゲーム以外に授業でも活用できるすぐれもの♪

ステップ3 合理的配慮を知る

ポイント

苦手・困難をサポートしてくれる「合理的配慮（ごうりてきはいりょ）」

● 授業中（じゅぎょうちゅう）の配慮（はいりょ）の例（れい）

プリントは拡大印刷（かくだいいんさつ）してもらう

UDフォント（読み（よみ）やすい書体（しょたい））で印刷（いんさつ）してもらう

マス目の
ノートを使う

書きやすい
筆記具を使う

問題を読み
上げてもらう

読む

書く

室内の蛍光灯（けいこうとう）の
明るさを調整する

色つきの紙に
印刷（いろつき・いんさつ）してもらう

※学校にどのような配慮（はいりょ）が必要かを相談（ひつよう）しよう。

ワーク1　あったらよいと感じる、学びやすさのくふうは？

● 教室の環境（かんきょう）は？

....

● 教科書やノート、プリントなどは？

....

● その他

ワーク2　あなたがサポートしてほしいことを、どのように伝えたらよい？（つた）

あなた

....

ワーク3　わかったこと・気づいたこと

....

まずは担任（たんにん）の先生にぼくの
黒板の見え方について
相談してみよう！

自分に合う方法を知る！
授業参加術 2（聞く・話す）

授業中に先生の話が早すぎて聞き取れないことや、雑音が気になって集中できないことはありませんか？　また先生に指名されると焦ってしまい、言葉が出てこないことはありませんか？　毎日の授業に「苦手」が多いとストレスになりますね。　人に気づいてもらいにくい「困った」は迷わず相談して、よい方法を見つけましょう。

☑「いま」をチェック！

- □ 授業の内容を聞き取れている
- □ 聞きながら書くことができる
- □ 人前で話すことが得意である
- □ 話し合いの司会を引き受けることが多い

急に指名されるとすぐに言葉が出てこないけれど、ちゃんと考えているので、せかさないで待ってほしい……。

ステップの流れ

- ステップ1　聞き方をくふうする
- ステップ2　発言・発表の仕方をくふうする
- ステップ3　話し合い・グループワークに参加する

先生・保護者の方へ　指導・支援のポイント

　「聞く」「話す」ことに困難さがあっても、本人や周囲が気づくまでに時間がかかることがあります。授業に参加し、よく聞いているように見えているけれども成績が振るわない、もしくは授業中にボーッとしているように見える生徒には、話の聞き取りづらさがないか、確認しましょう。また、発言や発表が苦手な生徒も、授業に参加したくないわけではありません。発表の順番をくふうしたり台本を作ったりするなど、どのような支援があれば話しやすいのか、本人と一緒にくふうの仕方を検討しましょう。

※特別支援教育の専門家にも相談するとよいでしょう。

声かけの例

△「今の話をちゃんと聞いていましたか？」

○［ もう少しゆっくり話したほうがいいですか？ ］

△「みんなに聞こえるようにもっと大きな声で話してみよう」

○［ 伝えやすい方法でよいので話してみよう。先生が通訳になるよ ］

年　　　月　　　日

ステップ 1 聞き方をくふうする

ポイント

環境や姿勢も大事

授業中、先生の話をよく聞いていますか？　聞こえていますか？

集中する環境作り
- ●座席を前にする
- ●机の上に必要な物だけ置く

聞く姿勢
顔を上げて先生を見る

背中を伸ばして体を先生に向ける

こんなときは先生に相談しよう
- ●授業がよく聞き取れない
- ●聞き間違いが多い
- ●聞くことに集中できない

ワーク1

① 「聞く姿勢」をふり返ってみよう。

（　　）机の上には必要なものだけ置いている（気が散るものはしまっている）
（　　）先生のほうに顔と体を向けて聞いている
（　　）聞きながらメモやノートを取ることができる
（　　）聞き取れなかったところはそのままにせずにあとで質問している

大事なことを聞き逃してしまった経験はありませんか？

② 人の話が聞き取りづらいと感じた経験があれば書いてみよう。
例：体育館など人が多い場所、早口な人の話　など

ワーク2

実際に先生にいろいろな声の大きさや早さで「聞き取りチェック」をしてもらい、もし授業中に「聞き取りづらい」と感じることがあれば一緒に聞き取りやすくなる方法を考えてもらおう。

ワーク3　わかったこと・気づいたこと

黒板はタブレットで撮影して、先生の話に集中できるようにしたいな。

年　　　月　　　日

ステップ2　発言・発表の仕方をくふうする

ポイント

話すことが苦手でも、「伝わる」

発言や発表は緊張してしまうという人でも、いろいろなくふうや練習をすることでしっかり伝えることができますよ。

事前準備
- 台本を作っておく
- 声に出して練習する
- 発表の順番を相談する

誰かに
聞いてもらう
のも◎！

「話す」以外の方法
- 書いて伝える
- 代読してもらう

ワーク1

① 「最近のニュースで最も関心があるものと、その理由を発表する」という課題が出されました。
　どのように発表するか、メモを作ってみよう。

関心のあるニュース：
理由（1）：
理由（2）：
まとめ：

② 安心して発表するためのくふうを考えよう。　例：発表の順番は一番最後がいい

-
-

ワーク2　メモをもとに、30秒でスピーチをして先生や家族に聞いてもらおう。

ワーク3　わかったこと・気づいたこと

発表は緊張するけれど、
みんなが拍手してくれると
ちょっとほっとする……。

年　　　月　　　日

ステップ 3　話し合い・グループワークに参加する

ポイント

よい話し合いは、よいアイデアを生む

授業中にグループで話し合う機会があったら、あなたはよく発言するほうですか？　話し合うときは「テーマ（何について話すのか）」「役割（司会や書記など）」「時間」を確認しましょう。また、お互いの考えに共感したり、質問したりしながらみんなが発言できるように進めましょう。

ワーク1

① グループで話し合う時、あなたはどんなタイプ？

（　　　）　司会を引き受けるなど積極的に参加するタイプ
（　　　）　できれば発言せずに黙っていたいタイプ
（　　　）　自分の意見は主張するタイプ
（　　　）　みんなの意見に合わせるタイプ
（　　　）　自分とは違う意見も受け入れるタイプ
（　　　）　主張しすぎて対立してしまうタイプ

② グループで話し合っているとき、次のような場合は、あなたが司会ならどんな声をかける？

（1）Aくんはさっきから一言も発言していない。

（2）Bさんは、話し合いのテーマと関係のない話を続けている。

（3）CさんとDさんの意見が食い違い、ケンカが始まりそう……。

ワーク2　最近の授業ではどんな話し合いをしましたか？　ふり返ってみよう。

ワーク3　わかったこと・気づいたこと

話し合いはお互いの意見からアイデアを生み出す場だったのか！

43

今度こそがんばる！
テスト勉強計画術

定期テストが近づくほど気持ちは焦るのに、なかなか勉強に取りかかることができず、「明日からがんばればいいや」と先送りしていませんか？
学校の定期テストは日々の授業の積み重ねを確認する機会です。
テスト対策の方法をくふうすることで、よい結果につなげることもできるはず。さあ、今日から取りかかりましょう。

☑ 「いま」をチェック！

- ☐ テストの日程が正確にわかる
- ☐ 各教科のテスト範囲が正確にわかる
- ☐ 毎回テスト勉強計画表を作っている
- ☐ 「赤点」「再試験」の経験がある

テストの範囲を
聞き逃したまま、先生にも
友だちにも聞けず、
どうしよう……。

ステップの流れ

- ステップ1 テスト前の準備をする
- ステップ2 テスト勉強の計画を立てる
- ステップ3 計画通りに進める

先生・保護者の方へ ＞ 指導・支援のポイント

　勉強に苦手意識のある生徒にとって、テストに向けて計画を立てることも、計画通りに行動することも、どちらも一人では難しいものです。「苦手だから」と勉強や対策をしないで臨んでいては点数が下がるばかりで、ますますやる気が起きません。すべての教科に完璧に取り組まなくても、まずは一人ひとりの得意・苦手に合わせて本人が「自分なりにくふうできる」よう、計画の立て方から支援してあげましょう。また計画通りに実践するためにも具体的な声かけや計画の見直しをして、努力が結果につながるよう支援してください。

声かけの例

△「テスト勉強、ちゃんとやっている？」

〇 [無理なくできる方法を、一緒に考えてみよう]

△「今度赤点取ったら進級できないよ」

〇 [ここは絶対にテストに出るところだから、毎日少しずつ覚えていこう]

年　　　月　　　日

ステップ 1 テスト前の準備をする

ポイント

テストは準備から始まる

定期テスト対策、あなたはいつから始めていますか？　「明日からがんばろう」では間に合いませんよ。定期テスト対策は「いつ」「何をするか」早めの準備と対策がポイントです。

いつもやっておきたいこと

- ☐ 定期テストの日程を年間スケジュールで調べる
- ☐ ノートやプリントが手元にそろっているか確認する
- ☐ 欠席した授業、わからないところは先生に聞きに行く

テスト範囲が発表されたら

- ☐ テスト範囲と、時間割を確認する

ワーク1

① 定期テストの日程を調べて、手帳に書いてみよう。

> 次のテストはいつから？
> 見通しをもとう。

② 今日からできる、テストに向けた勉強を考えよう。

国語	（例：テスト範囲の漢字の読み方を確認する）

数学	（例：小テストで間違った問題を1日1問解き直す）

英語	（例：単語帳を作って、英単語を覚える）

ワーク2　勉強の仕方がわからない教科は、教科の先生に勉強の仕方を聞いてメモをしておこう。

ワーク3　わかったこと・気づいたこと

> テスト範囲を聞きに
> 行ったら、先生に勉強方法
> のアドバイスももらえた！

年　　　月　　　日

ステップ 2　テスト勉強の計画を立てる

ポイント

テスト勉強は2週間前から

計画を立てるときのポイント

- □ テストの範囲に合わせた計画を立てている
- □ 自分の目標に合わせた計画を立てている（例：苦手教科を多めに勉強する、など）
- □ 詰め込み過ぎず、無理のない計画を立てている

ワーク1　2週間のテスト勉強の計画を立ててみよう（できたら ☑ をつけよう）。

／ （ ）	例：数学のワーク③ 取り組む □ □	／ （ ）	□ □
／ （ ）	□ □	／ （ ）	□ □
／ （ ）	□ □	／ （ ）	□ □
／ （ ）	□ □	／ （ ）	□ □
／ （ ）	□ □	／ （ ）	□ □
／ （ ）	□ □	／ （ ）	□ □
／ （ ）	□ □	／ （ ）	□ □

ワーク2　テスト勉強の計画表をコピーして、見えるところに貼っておこう。

ワーク3　わかったこと・気づいたこと

やる気が出ない日もあるから、日曜日は予備日にしておこう！

年　　　月　　　日

ステップ 3　計画通りに進める

ポイント

自分が自分のコーチになる

計画を立てるだけでなく、その通りに進めることが大事です。

計画通り勉強を進めるコツ

☐ 計画表を部屋に貼って、すぐに見えるようにしておく

☐ 集中できる時間・場所を決める（例：早起きする・リビングで学習する）

モチベーションアップ！ のコツ

☐ 計画表にチェックをしたり、シールを貼ったりする（進み具合がわかるようにくふうする）

☐ 友だちや先生に進み具合を報告する

☐ 勉強が終わったら30分好きな動画を見たりお茶を飲んだりしてリラックスする

ワーク1

① 計画表通りに進めるためのくふうを3つ考えよう。

例：勉強を始める20：00にアラームをセットしておく　など

● ………………………………………………………………………………………

● ………………………………………………………………………………………

●

② 勉強に集中できるくふうを考えよう。

●集中できる時間：（　　　　　　　　　）

………………………………………………………………………………………

●集中するためのくふう

………………………………………………………………………………………

ワーク2　先生や家の人にくふうを報告して、アドバイスをもらおう。

●

●

ワーク3　わかったこと・気づいたこと

………………………………………………………………………………

完璧にやろうとすると疲れるけど、途中で計画を変えてもいいのか……。

47

行事やイベントを楽しむ！
集団参加術

文化祭や修学旅行など、学校にはみんなで協力して一緒に作り上げる行事がたくさんあります。多くの生徒が楽しみにしている行事でも、集団での活動は少し苦手、と感じる人にとっては楽しみより不安が大きいものですね。「みんなと同じことをする」のではなく、自分に合う参加方法を見つけてみませんか？

☑ 「いま」をチェック！

- ☐ いつ、どんな行事があるか知っている
- ☐ 行事やイベントが楽しみだ
- ☐ 自分の役割はしっかり果たす
- ☐ クラブ活動、部活動を楽しんでいる

行事やイベントの前になると気持ちが落ち着きません。スケジュールが変更されるのもいや。

ステップの流れ

ステップ1	いつどんな行事があるかを知る
ステップ2	集団参加のコツを見つける
ステップ3	部活動に参加する

先生・保護者の方へ　指導・支援のポイント

　人間関係を形成することや、大勢の仲間と1つの目的を達成していくことを苦手とする生徒は、行事やイベントでの成功体験が少なくなりがちです。心理的な負担が大きい場合は、無理に参加させるのではなく、本人やクラスの友だちとも相談して「見学」や「部分的参加」という方法を提案してもよいでしょう。反対に、張り切ってしまうあまり、自己流を貫きがちな生徒には、行事を「みんなにとっての成功体験」にするにはどうしたらよいかを話し合う必要があります。行事や部活動を通して、少しずつ集団活動での成功体験を積み重ねて成長できるよう支援していくとよいでしょう。

声かけの例

△「文化祭の日、あおいさんが休むとみんなの迷惑になるよ」

◯ ［あおいさんは絵が上手だからポスター作りで参加するのはどうかな］

△「勝手な行動はみんなの迷惑になるよ」

◯ ［げんきさんはどうしたいのか、行動する前にみんなと相談して決めよう］

年	月	日

ステップ 1　いつどんな行事があるかを知る

ポイント

行事は集団生活を学ぶチャンス

１年間の行事予定を知り、見通しを立てておきましょう。もし苦手な行事がある場合には、早めに参加方法を先生に相談しておくと安心です。手帳にも書いておくといいですよ。

例：体育祭／文化祭／合唱コンクール／校外学習／修学旅行／芸術鑑賞会……

ワーク1　あなたの学校はいつ、どんな行事がありますか。

4月	例：入学式	10月	
5月		11月	
6月		12月	
7月		1月	
8月		2月	
9月		3月	

●楽しみにしている行事は？　（その理由）

●心配・不安がある行事は？　（その理由）

ワーク2　心配や不安のある行事について、どのように相談したらいい？

😊 あなた

ワーク3　わかったこと・気づいたこと

アレルギーがあるので、修学旅行の食事のことを相談しておこう。

年	月	日

<table><tr><td>ステップ
2</td></tr></table> # 集団参加のコツを見つける

ポイント

「自分らしい参加方法」もある

はじめてのことは不安……

大勢の人が苦手……

失敗するのがこわい……

みんなに迷惑をかけるのでは……

➡

見学だけならいいかな

得意なことでクラスに貢献できないかな？

失敗しても思い切って楽しんでみよう！

ワーク1 参加が不安な行事（集団活動）の、参加の方法を考えてみよう。

行事：（ 　　　　　　　　　　　　　　　　　） 日程：（ 　　　　　　　　　　）

① どんな方法なら参加できそう？（○をつけよう）

　　見学する ・ 一部だけ参加 ・ 自分に合う方法で参加 ・ 思い切って参加

※事前に準備・相談すること

② あなたの得意なことや好きなことを生かすとしたら？

例：修学旅行 ⇒ 電車の乗り換えが得意なので、計画を立てるのは任せて！

③「最初は不安だったけれど、やってみてよかった！」という経験を思い出して書こう。

ワーク2 参加が不安な行事について、先生や家の人に相談してアドバイスをもらおう。

ワーク3 わかったこと・気づいたこと

考えすぎると不安になってしまうから、まずやってみよう！

年	月	日

ステップ3　部活動に参加する

ポイント

クラス以外のもう1つの居場所

●自分に合う部活動は？

内容_{ないよう}は？

部員の人数は？

活動日や時間は？
（休日の練習はある？）

あなたの好きな_すことや得意_{とくい}なことが生かせる？

部活の雰囲気_{ふんいき}は？

●ここに注意！

興味_{きょうみ}のある部活動がたくさんあるのですべてに入った

運動部に入ったら休日も朝から練習…

疲_{つか}れすぎて授業_{じゅぎょう}が受けられない……

▼

学校生活を無理_{むり}なく過_すごせることが大切！
部活動を見直してみよう。

ワーク1　どんな部活動に入ってみたい？（または入っている部活動）

部活名：　　　　　　　　　　　　顧問_{こもん}の先生：

活動内容_{ないよう}：

部員の人数・雰囲気_{ふんいき}：

活動・練習する曜日・時間：

●ほかにも好_すきなこと・得意_{とくい}なことを生かせそうなクラブや部活動がないか調べてみよう！

ワーク2　部活動に入っている友だちや顧問_{こもん}の先生に、活動内容_{ないよう}や楽しさについて話を聞こう。

ワーク3　わかったこと・気づいたこと

料理部_{りょうりぶ}は週2回の活動だから、無理_{むり}なく参加_{さんか}できています。

51

友人関係

親しき仲にも礼儀あり！
学校のおつき合い

学校にはさまざまな人がいますね。
「親しき仲にも礼儀あり」は、親しい人に対しても守るべき「礼儀」があるという意味です。また先生や先輩であっても「人の心を傷つけるような言葉や行動」があれば直してもらう必要があります。「お互いを大切に」という視点で、身近な人間関係について考えてみましょう。

☑ 「いま」をチェック！

- ☐ 親しい友だちがいる
- ☐ 人の言葉に傷ついた経験がある
- ☐ 先生や先輩にはていねいな言葉で話している
- ☐ 相手の気持ちを思いやるタイプだ

いつもていねい語で話しているのに、相手を怒らせてしまうことが多いのはなぜだろうか。

ステップの流れ

ステップ1 友だちのことを知る
ステップ2 先生・先輩とのおつき合いを考える
ステップ3 適切な距離・話題を知る

先生・保護者の方へ ▶ 指導・支援のポイント

　コミュニケーションに自信がない生徒たちは、同年代の友だちはもちろん、人間関係に対して消極的になりがちです。話しかけられても話すことで精いっぱいになったり、相手への気配りやマナーに気をつける余裕がなかったりすることが、誤解やトラブルの原因となることもあります。これまでの友人関係のなかでもうまく意思疎通ができないまま、心ない言葉に傷ついている経験もあるかもしれません。同級生、先輩と後輩、先生と生徒……まず身近な人と安心して関われることから支援しましょう。

声かけの例

△「先輩にはていねい語で話しなさい」

◯ [先輩には、です、ます、をつけて話すとていねいな言い方になるよ]

△「思っていることはきちんと伝えたほうがいいよ」

◯ [どんな気持ちでいるかを、ゆっくりでいいから話してみて]

年　　　月　　　日

ステップ 1 友だちのことを知る

ポイント

多くなくてもよい。一人でも信頼できる友だちを！

●自分から名前を呼んで
あいさつをしましょう

あおいさん、
おはよう！

●「親しき仲にも礼儀あり」

「ありがとう」
「ごめん」を
伝えている？

話を最後まで
聞いている？

時間を
守っている？

借りたものは
きちんと
返している？

ワーク1 あなたが一番親しい友だちは？ （名前：　　　　　　　　　　　　　）

・いつからのおつき合い？

・お互いの呼び方　●あなた→友だち：　　　　　　　　　●友だち→あなた：

・友だちが好きなこと・共通の趣味

・よく話す話題

・一緒に行く場所

・自分と似ているところ　　　　　　　　・自分と違うところ

ワーク2 まわりの友だちから、あなたはどんな人だと思われている？

例：優しい人・面白い人・元気な人……

ワーク3 わかったこと・気づいたこと

みんなもっとぼくに
話しかけてくれたら
うれしいのですが。

53

年　　月　　日

ステップ 2　先生・先輩とのおつき合いを考える

ポイント

日ごろのコミュニケーションが大事

先生や先輩には「〜です」「〜ます」などのていねい語を使って話しましょう。わからないことは「今お時間よろしいですか？」と声をかけて、積極的に質問してみましょう。

先生や先輩の言うことが「絶対」ではありません。自分の意見もしっかり伝えましょう。

先輩との関係に悩むことがあれば誰かに相談しましょう。

ワーク1

① 先生の名前を覚えておこう。

●担任　（　　　　　　　　）先生

●副担任（　　　　　　　　）先生

●国語（　　　　）先生	●社会（　　　　）先生
●数学（　　　　）先生	●理科（　　　　）先生
●英語（　　　　）先生	●体育（　　　　）先生

話しやすい先生：
（　　　　　　　　　　）先生

② 先輩にしていることには〇をつけてみよう。

（　　　）　自分からあいさつをしている

（　　　）　「〜です」「〜ます」などのていねい語で話している

（　　　）　「〇〇先輩」など名前でよんでいる

（　　　）　わからないことや困ったことがあれば、自分から質問に行っている

〇がつかなかった項目は、関わり方を見直してみよう！

ワーク2　先輩から見たあなたは、どんな後輩ですか？（自分が先輩の人は、後輩から見た自分）

ワーク3　わかったこと・気づいたこと

名前を覚えることが苦手なので、担任の先生の名前以外わかっていなかった……。

年　　月　　日

ステップ 3 適切な距離・話題を知る

ポイント

お互いを大切にする

● 適切な距離

適切な距離は腕1本半分！

相手に触れるのは NG

● 適切な話題

避けたほうがよい話題は…？
・身体的なこと（見た目のこと）
・性的なこと

相手がいやがる話題は NG！

● 異性とのおつき合い

☐ 二人だけで会う時には、明るい場所や、みんながいる場所を選ぼう

☐ 露出が多い服装は避けよう

☐ いやなことははっきりと「NO」と伝えよう

ワーク1　お互いが気持ちよく過ごすためには、関わり方をどう変えればいい？　考えてみよう。

（例）あまり話したことのない友だちだけれど、仲よくなりたかったので下の名前で呼んだ

（例）
→いきなり下の名前で呼ぶのではなく、まずは「名字＋さん」で呼ぶ

・名前を呼んでも気づかなかったので、肩を触った

→

・気になる人に少しでも仲よくなれるよう、毎日 LINE を送った

→

・仲よくなりたかったので、「好きな人いるの？」と声をかけた

→

ワーク2　腕を伸ばして「適切な距離」のイメージをつかもう。

ヒント　腕1本半の距離は、75〜90cm。メジャーではかってみても◎！

ワーク3　わかったこと・気づいたこと

気になる人がいるとついつい話しかけてしまうけれど、いきなり話しかけて引かれることも！

みんな悩んでいる！
友人関係術

同世代の友人関係に悩まない人はいないでしょう。十代のみなさんの心は感じやすく、お互いに思春期であり、まだ大人になっていないからです。リーダーを任されたり、意見が対立してしまったり……。ときには失敗しながら学びましょう。「いじめ」に関しては即対応！もしいじめられていると感じたら、すぐにまわりの人に相談しましょう。

☑ 「いま」をチェック！

- ☐ 安心して相談できる人がいる
- ☐ リーダーを任された経験がある
- ☐ 友だちとケンカをしたことがある
- ☐ 「いじめ」を受けたことがある・見たことがある

うっかり合唱祭のリーダーを引き受けたけれど、何をしていいのかわからず重荷に……。

ステップの流れ

ステップ1　リーダーを任されたら
ステップ2　友人関係に悩んだら
ステップ3　いじめられている、と感じたら

先生・保護者の方へ　指導・支援のポイント

　人間関係は大人になっても難しいものです。先生や保護者は本人の気持ちを大切に、そっと見守り、大きく傷つくことのないようさりげなくサポートしていきましょう。リーダーを引き受けて困っていそうなときや友人関係で悩んでいるときは、本人の気持ちに寄り添いながらも客観的な視点からアドバイスをお願いします。いじめに関してはまず本人の言い分を聞いたうえで、早期に事実関係を明らかにしてください。

声かけの例

△「あなたにはリーダーは難しいかもね」

○［ 大切な機会になるから、みんなにも協力してもらってがんばってみよう ］

△「いじめられた、というのは考えすぎでは？みんな悪気はないんだよ」

○［ あなたがいやな気持ちになるのであれば、みんなで話し合って改善していこう ］

年　　月　　日

リーダーを任されたら

ポイント

自分が成長できるチャンス！

リーダーは「みんなの代表」であり、「みんなのために行動する人」です。もし任されたら思い切ってチャレンジしてみませんか？　複数の意見をまとめることは大変ですが、成長できるチャンスですよ！

修学旅行の班長を
任されちゃった……
自信ないなぁ……。

班長の仕事は、
コース決めと、
当日の時間管理か！
それならできそう！

みんなの
意見を聞いて
全員が楽しめる
コースにしよう！

ワーク1

何のリーダー？
① リーダーになった経験はある？　→（　ある　／　　　　　　　　　　　・　ない　）

・どんな仕事をした？

・うまくいったこと／難しかったこと

② あなたがリーダーになったら、どのタイプ？

A（　　）みんなをぐいぐい引っぱるリーダー
B（　　）チームワークを大切にするリーダー
C（　　）チームのために尽くし支えるリーダー
D（　　）孤立してしまうリーダー

アドバイス

Aの人：みんなの意見も大切にね！
Bの人：いざというときは意見をまとめよう！
Cの人：一人で抱え込まず仕事は分担してね！
Dの人：少人数のチームのリーダーから挑戦してみよう！

ワーク2　クラスや部活動にどんな「リーダー」がいる？

ワーク3　わかったこと・気づいたこと

リーダーになるのは好きだけど、
まわりのみんなとペースを
合わせられないオレ……。

57

年　　　月　　　日

友人関係に悩んだら

ポイント

一人の時間も大切！

友だち同士でも意見が合わないことや、「一人で過ごしたい」と感じることもあります。相手を傷つけないように自分の気持ちを伝えてみましょう。

今日うちに来て
アニメを見ようよ！

△　またアニメ!?
テスト前なのに
のんきだなぁ!!
いい加減にしてよ!!

○　今日は学校でテスト勉強をして
から帰るから、また今度！

気持ちを
ぶつけると
トラブルに
なるかも……

ワーク1

① 友だちと意見が合わなかったら、あなたはどうする？　○をつけよう。

（　　　）「何でわかってくれないの」と思って、自分の意見を主張する

（　　　）自分は自分。友だちは友だち。意見が違ってもそのままにしておく

（　　　）友だちの意見も大切にしつつ、「わたしはこう思う」と自分の意見を伝える

（　　　）友だちの意見に合わせてしまい、自分の意見が言えない

② 仲がよかった友だちとケンカをしてしまったら、あなたはどうする？　○をつけよう。

（　　　）もう自分からは近づかない

（　　　）メールや手紙で抗議する

（　　　）誰かに相談にのってもらう

（　　　）何日かしてから話しかけてみる

自分の気持ちだけでなく
友だちの気持ちも考えながら、
お互いにとってよいつき合い方
を見つけていきましょう。

ワーク2　友人関係で悩んだ経験をふり返ってみよう。

※先生にアドバイスをもらってね。

ワーク3　わかったこと・気づいたこと

友だちと一緒にいると
楽しいけれど、基本的には
一人でいるのが好きです。

年　　　月　　　日

いじめられている、と感じたら

ポイント

あなたは悪くない！　いじめと感じたらSOSを出そう！

いやな呼び方で呼ばれた

無視された

SNSで悪口を書かれた

叩かれた・ものを壊された

いじめられている？

いじめに遭った・いじめを見た場合はすぐに先生や家の人に相談しよう！

電話やLINEなどの相談窓口もあります。「子どものSOS相談窓口」で検索してみよう。

ワーク1

① いじめられていると感じることはありますか？　○をつけてみよう。

（　　）　ある
（　　）　少しある
（　　）　自分はいじめられていないが、まわりに
　　　　　いじめられていると感じる人がいる
（　　）　ない

ある／少しあるに○をした人はすぐに相談しよう！

いじめを見かけた場合もすぐに相談しよう！

② あなたなら、誰に相談する？

「自分も悪いかも……」「相談するともっといじめられる」と思う必要はありません。

ワーク2　いじめられた、いじめを目撃した、という経験を書いてみよう。

いつごろ	どんなことがあったか	解決方法

ワーク3　わかったこと・気づいたこと

いつも一人でいるクラスメイトがいる。もしかして何かあったのかな？声をかけてみようかな？

【自己管理】

自分だけでがんばらない！
サポート活用術

十代のみなさん、毎日がんばって生活していても
一人（ひとり）の力だけではうまくいかないことがたくさんありますよね。
うまくいかない時に自分だけで悩（なや）むのではなく
「誰（だれ）に相談したらいいかな？」と考えてみるくせをつけましょう。
あなたのことを理解（りかい）し、応援（おうえん）してくれる人がきっといるはずです。

☑ 「いま」をチェック！

☐ 何でも相談できる人がいる
☐ 保健室（ほけんしつ）の先生と話したことがある
☐ スクールカウンセラーに会ったことがある
☐ 「通級」（りょう）を利用したことがある

> 今まで相談しても
> しかられるばかりで、
> こわくてなかなか相談
> できません……。

ステップの流れ

ステップ1	まず相談してみる
ステップ2	保健室（ほけんしつ）・相談室（りょう）を利用する
ステップ3	校内のサポート（通級指導教室）（しどう）を知る

先生・保護者の方へ　指導・支援のポイント

　学校生活のなかで「うまくいっていないこと」があっても、そのことに気づきにくかったり、誰にも相談できずに一人で困っていたりする生徒がいます。「なぜうまくいかないのか」、その理由がわからないまま、「自分が悪い」「他人が悪い」とネガティブ思考になってしまうこともあるでしょう。「困った」「つらい」と感じたときに、学校には寄り添ってくれる大人がいること、サポートを受けることは決して恥ずかしいことではないことを伝え、学校全体で支援します。

声かけの例

△「何か困っていることがあったら
　いつでも相談してね」
　（→自分から相談が苦手な生徒は話しづらい）

○［ 先生が聞きたいことがあるから
　少しお話ししていってくれる？ ］

△「また相談室に行ったの？」

○［ 相談室や通級などのサポートを
　活用することは、きっとあなたの
　役に立つと思うよ ］

年	月	日

ステップ 1 まず相談してみる

ポイント

一人で悩まないで！

困ったことや悩みごとがあるときには、一人で悩まずに信頼できる友だちや先生、家の人に相談してみましょう。話すこと、話を聞いてもらうことによって、きっとよい方法が見つかるはずです。

少しお時間よろしいですか？

急に相談するより事前に時間をとってもらうとよい

率直な気持ちを伝えよう（アドバイスをもらったらメモを取ろう）

ワーク1

① あなたが相談しやすい人は、誰？

② 誰にどんな相談をしたことがある？

誰に？	相談した内容

アドバイスをもらったこと

ワーク2　今のあなたの悩みごとについて、相談するとしたら……？

あなた

ワーク3　わかったこと・気づいたこと

説明することが苦手だから相談したいことをメモにまとめてから相談してみよう！

61

年　　　月　　　日

保健室・相談室を利用する

ポイント

誰でも利用できる場所がある

保健室や相談室は、学校生活を元気に送るためのアドバイスをもらえる場所です。「相談するほどではない」と思っても、まず話を聞いてもらいましょう。

●保健室ってどんな場所？

けがや病気の手当て

体や心についての相談

●相談室ってどんな場所？

スクールカウンセラーの先生にいろいろな相談ができる

居場所などのスペースがある場合も

ワーク1

① 保健室を利用したことはある？　○をつけよう。

保健室／　（　　　）よく利用する　　　　（　　　）利用する
　　　　　（　　　）あまり行かない　　　（　　　）行ったことがない

いつでも
相談に来てね

➡ どんなときに？

➡ どんなアドバイスをもらった？

ワーク2

あなたの学校に……

・相談室または相談のための教室が　（　　ある　・　ない　　）
　→「ある」場合、利用できる曜日や時間は？（　　　　　　　　　　　　　　）

・スクールカウンセラー（SC）が　（　　いる　・　いない　　）
　→相談できる曜日や時間は？（　　　　　　　　　　　　　　　　　　）

※担任やその他の先生に相談してもOK！

ワーク3

わかったこと・気づいたこと

心の元気が出ないときも
保健室が利用できるのね！

年　　　月　　　日

校内のサポート（通級指導教室）を知る

ポイント

学校のなかに、あなたに合わせて個別に学べる場所がある！

「通級指導教室」という言葉を聞いたことがありますか。苦手なことやサポートが必要なことについて、一人ひとりに合わせて学ぶことができます（くわしくは学校の先生に聞きましょう）。

●どんなことが学べる？

コミュニケーションや
友だちとの関わり方

計画の立て方

見え方や聞こえ方についての
相談や、授業中のくふう

気持ちのコントロール方法

ワーク1　通級指導教室を利用したことはある？　○をしてみよう。

（　　）今、通っている！　　（　　）過去に通っていた　　（　　）行ったことがない

（通ったことがある人）どんなことを学んでいる？／学んでいた？

どんなことを学んでみたい？（通っていない人も、考えてみよう！）

ワーク2　校内のサポートを調べよう。

●通級指導教室はある？　（　　校内にある　・　校内にはない　）

●ほかにどんな場所がある？　例：地域の大学生が勉強を見てくれる「フレンドルーム」など

ワーク3　わかったこと・気づいたこと

学校内に
自分に合わせて学べる
場所があれば安心！

自分に合う道を進む！
卒業後の進路

卒業したらどんな学校に進学するか、どんな道に進みたいか、
進路を決めるのは自分自身です。進学先を決めるときにおすすめしたい
のは「成長できる学校」。まず「どんな進路があるのか」を知り、
あなたの好きなことや目標に合わせて選択します。自分一人で
決めるのではなく、家族や先生、友だちにも相談してみましょう。

☑ 「いま」をチェック！

☐ 将来の目標がある

☐ 行きたい学校が決まっている

☐ 学校の説明会や見学に行ったことがある

☐ 入試情報を集めている

英語が得意だから、
留学制度がある大学の
情報を集めてみよう。

ステップの流れ

ステップ1	どんな高校があるか知る（中学生）
ステップ2	高校卒業後を考える（高校生）
ステップ3	仕事や自立について考える（高校生）

先生・保護者の方へ　指導・支援のポイント

　卒業後の進路があいまいな生徒には、進路選択の道しるべが必要です。高校は「入れてくれる高校」
ではなく、「活躍・成長できる高校」を選びましょう。毎日通う場所に居場所があり、仲間がいるとい
うことはとても大事だからです。偏差値だけにとらわれず、さまざまな学校や進路があることを知る
機会を作り、説明会や見学、体験（オープンキャンパス）をすすめてください。就職を目指す生徒には、
十代で社会に出ていく不安な気持ちに寄り添ったうえで、よりていねいで具体的な支援が必要です。
働くことの厳しさだけでなく、尊さも伝えてあげてください。

声かけの例

△「志望校は早く決めたほうがいいよ」

○ [今度高校の
　　説明会があるから
　　一度行ってみない？]

△「そんなことでは社会で通用しないよ」

○ [就職は、進学する友だちより
　　大人に近い進路だから、
　　自信をもってがんばって]

年　　　月　　　日

ステップ 1

どんな高校があるか知る（中学生）

ポイント

成長できる高校を見つける

「自分に合っている高校」とは、「入学後に活躍でき、成長できる高校」です。学べる内容や通学のスタイルなど高校の特色を調べて、入学後の生活をイメージしてみましょう。

どんな高校がある？

・全日制高校（昼間の時間帯に通う）
・定時制高校（夜間・決まった時間に通う）
・通信制高校（家庭などで自分のペースで学ぶ）
・特別支援学校（自分に合わせた勉強や、職業の練習ができる）

高校の情報を集めるためには

・学校のホームページやパンフレットを見る
・受験情報誌を読む
・担任の先生に相談する
・学校説明会に参加する　など……

※その他、高校ではないがサポート校、通信制高校の卒業や高卒試験認定合格をサポートする施設もある。

ワーク1　自分に合う高校は？

> 家の人や先生にも相談してみよう！

●高校で学びたいことは？　（　　　　　　　　　　　　　　　　　　　　　　）

●通学距離は？　（　　徒歩や自転車　　／　　電車やバスを使ってもよい　　）

●通学の時間帯は？　（　　朝から　　／　　お昼・夕方から　　／　　家で学ぶ　　）

●どんな部活動に入りたい？　（　　　　　　　　　　　　　　　　　　　　　　　）

●高校卒業後の進路は？　（　　就職　　／　　専門学校　　／　　大学　　／　　まだ決まっていない　　）

ワーク2　興味のある高校について調べてみよう。

・高校名（　　　　　　　　　　　　　　　　）公立・私立　／　全日制・定時制・通信制
・特色・よいところ
（　　　　　　　　　　　　　　　　　　　　　　　　　　　　　　　　　　　　　）
・入試について（　　　　　　　　　　　　　　　　　　　　　　　　　　　　　　）

ワーク3　わかったこと・気づいたこと

> 自分のペースで勉強できる通信制高校が合っているかも……。

ステップ2　高校卒業後を考える（高校生）

ポイント

「自分に合う進路」が必ずある

将来の目標や興味のあることに合わせて、自分に合う進学先や学部を見つけましょう。

●高校卒業後の主な進学先

・大学（短大）…専門分野について深く学ぶ（研究する）

　　　　　　　　文科系　理科系　芸術系　運動系　など学部によって学ぶ内容が異なる

・専門学校 ……職業に必要な知識を学ぶ。実習も多い

ワーク1　将来の目標に合う進路は……？

★目標にしている仕事

最も希望する進路に○をつけて、その理由を書いてみよう。

（　　　）大学（短大）… どんな分野？（　　　　　　　　　　　　　　　　　　　　）

（　　　）専門学校 …… どんな分野？（　　　　　　　　　　　　　　　　　　　　）

　　　　文系学科の例：文学　心理学　教育学　社会学　外国語　法学　経済学　政治　福祉
　　　　　　　　　　　芸術　運動　その他／
　　　　理系学科の例：医学　看護　薬学　農学　情報　建築　その他／

理由：

受験科目は？

ヒント　目標にしている仕事に就くためには、どんな分野の勉強が必要？　専門的な資格が必要な場合もあるよ（調べてみよう）。

ワーク2

●オープンキャンパスの日程を調べよう。

●入試について調べよう。

ワーク3　わかったこと・気づいたこと

人をサポートする仕事がしたい。看護や福祉なんかいいかも……？

年　　　月　　　日

仕事や自立について考える（高校生）

ポイント

どんな仕事も「誰かのため」「自分のため」

目標とする仕事、自分に合う職業について考えてみましょう。

●**働くって、どういうこと？**
　　①**社会貢献**＝社会の一員として、人のためになることをする
　　②**自己実現**＝仕事の成果を認めてもらう・自分のやりたいことを実現する
　　③**お金を稼ぐ**＝生計を立てる

ワーク1

●あなたの得意なことは？

●目標とする職業・仕事は？	●理由

●興味がある分野は？（〇で囲もう）

調理・医療・保育・教育・福祉・美容・動物・建築・コンピュータ・自動車・航空・
ファッション・デザイン・マスコミ・音楽・芸能・語学・観光・法律・経理・金融
その他（　　　　　　　　　　　　　　　　　　　　　　　　　　　　　　）

●どちらの働き方が合っている？

☐　毎日決まった時間に働く　　⇔　☐　自分で決めた時間に自由に働く
☐　たくさんの人と協力して働く　⇔　☐　一人で集中して働く
☐　色々な場所に行って働く　　⇔　☐　一つの場所で働く
☐　体を動かして働く　　　　　⇔　☐　事務などのデスクワーク

ワーク2

家族など仕事をしている大人に、仕事の内容や仕事の楽しさについて聞いてみよう。

ワーク3

わかったこと・気づいたこと

声優になって、誰かを
楽しませるような
仕事がしてみたい！

心も体も元気ですか?
体調管理術

多くの十代のみなさんは若く元気である一方で、ストレスにとても敏感です。そんな心と体は、アンバランスで傷つきやすい一面も。自分でも気づかないうちに疲れていることはありませんか? 自分の調子を整える方法を知り、心や体の SOS には早めに気づき対処していきましょう。

☑ 「いま」をチェック!

☐ 朝はすっきりと目覚める

☐ 食事がおいしい

☐ 睡眠時間は7時間以上とっている

☐ 自分なりのリラックス方法がある

疲れに気づかずがんばりすぎて、突然電池が切れたように動けなくなることがあります。

ステップの流れ

ステップ1 自分の体調を知る
ステップ2 規則正しい生活を送る
ステップ3 「感覚」の個性と向き合う

先生・保護者の方へ **指導・支援のポイント**

　不安定な生活やストレスの多い日々を送っている生徒は、心や体への影響も大きくなりがちです。日々の顔色や体調、様子に細かく気を配って声をかけてあげてください。また、気温や気圧の変化によって体調を崩しやすかったり、視覚、聴覚、触覚、嗅覚、味覚の過敏さが疲れや不調の原因になっていることもあります。元気がない、学校を休みがち、などのサインがある場合には、早い段階で個別に話を聞き、必要に応じて専門家のアドバイスも取り入れながら、過ごしやすくなるくふうをしていきましょう。

 声かけの例

△「体調はどう?」
（漠然としているので「大丈夫」と答えがちになる）

○ [朝ごはんは食べられた?]
（具体的に）

△「元気出してがんばって!」

○ [あなたの毎日の体調にどんなことが影響しているのか、一緒に考えてみよう]

年　　　月　　　日

ステップ 1　自分の体調を知る

ポイント

心と体はつながっている

「健康な状態」のためには、体の調子と心の調子を整えることが大切です。

●心と体が「健康な状態」とは?

元気がある!

食欲がある!

よく眠れる!

やる気が起きる!

リラックスできる!

ワーク1

① 健康チェックをしよう。

あなたの平熱は?
　　　　℃

●今日の体温…[　　　　　　　　　℃　]

●今日の体調…（　よい　・　頭痛　・　腹痛　・　だるさ　・　その他／　　　　　　　）

② 心と体の状態で、当てはまるものに○をしよう。

（1）食事は　　　（　おいしいと感じる　・　★食欲が出ない　）
（2）睡眠は　　　（　よく眠れて、すっきりと目覚める　・　★眠れない／寝過ぎてしまう　）
（3）運動は　　　（　元気に体を動かすことができる　・　★できるだけ動きたくない　）
（4）疲れは　　　（　寝れば回復!　・　★すぐに疲れる／疲れが取れない　）
（5）やる気は　　（　起きる!　・　★起きない…　）
（6）リラックスは（　できる!　・　★常に緊張状態…　）

★に○がついた人は、早めに家の人や先生に相談しよう。

ワーク2　今日の体と心の状態を言葉にして説明してみよう。

あなた

[　　　　　　　　　　　　　　　　　]

例：昨夜はよく眠れて元気なのですが、心は少し緊張してドキドキしています

ワーク3　わかったこと・気づいたこと

雨の日や寝不足の日は元気が出ない……。

年　　　月　　　日

ステップ 2　規則正しい生活を送る

ポイント

健康のもとは、食事・睡眠・運動！

「食べるもの」「寝る時間」などの生活習慣を見直して、体の調子を整えましょう。

●規則正しい生活とは？

| 朝食を毎日とる 間食（おやつ）を食べ過ぎない | 運動の時間を作る | 毎日7～8時間の睡眠 |

ワーク1　毎日の「食事」「運動」「睡眠」の時間を決めよう。

・起床　（　　：　　）
・朝食　（　　：　　）
・登校　（　　：　　）

★自分で準備できる朝食のメニューを考えよう！

・昼食　（　　：　　）

・運動する時間

例：お風呂あがりに15分ストレッチする！

・夕食　（　　：　　）
・入浴　（　　：　　）

・寝る　（　　：　　）

★睡眠時間は何時間？

　　　　　　　時間

ワーク2　今の生活を見直し、体調のためにできることを2つ考えて実践しよう。

①
....

②

例：スナック菓子は1袋までにする。お昼はお弁当を作ってもらう。

ワーク3　わかったこと・気づいたこと

夜更かししないように、11：00になったらスマホの電源を切る！

| 年 | 月 | 日 |

ステップ 3　「感覚」の個性と向き合う

ポイント

苦手な感覚は人それぞれ

「五感（視覚・嗅覚・聴覚・味覚・触覚）」が敏感すぎることを「感覚過敏」といいます。
苦手な感覚がある場合はがまんしすぎず、まわりの人に協力してもらいながら対策を考えましょう。

（過敏さ）
蛍光灯がまぶしくてクラクラする!!

➡座席を変えてもらう
➡明るさをカットするメガネをかける

（過敏さ）
突然の大きい音が恐怖!!

➡活動を予告しておいてもらう
➡その場から離れる

ワーク 1　好きな感覚と苦手な感覚をまとめてみよう。

	好き・心地よい	苦手
視覚（見え方）		
嗅覚（におい）		
聴覚（聞こえ）		
味覚（味）		
触覚（触り心地）		

ワーク 2　苦手な感覚と、その対策・サポートを考えよう（まわりの人にも相談してみよう）。

苦手な感覚	➡	対策やサポート

例：小さい子の泣き声が苦手　➡　イヤホンをもち歩く

ワーク 3　わかったこと・気づいたこと

苦手な食べ物は紙くずを
口に入れられたように
感じます……。

自分もまわりもうまくいく！
気持ちコントロール術

ポジティブ？　ネガティブ？　あなたはどちらに当てはまりますか？
不安やイライラなどマイナスの気持ちを長くもち続けていても
いいことはありません。かといって人に八つ当たりするのは
やめたほうがよいですね。感情のコントロール方法を知り、
自分の気持ちとうまくつき合えるようになりましょう。

☑ 「いま」をチェック！

☐ いつも気持ちが安定している
☐ 喜怒哀楽がはっきりしている
☐ 気分が落ち込むことがある
☐ ストレス解消法がたくさんある

気づいたらイライラが
爆発しちゃっていて
止められない。すごく
後悔して落ち込むんだ
けどね……。

ステップの
流れ

ステップ1　自分の感情に気づく
ステップ2　気持ちの変化に気づく
ステップ3　ストレスマネジメントのコツ

先生・保護者の方へ　指導・支援のポイント

　不安になりやすい、イライラしやすいなど感情が安定しにくい生徒たちの多くは、自分の感情に気づきにくかったり言葉で表現することが苦手だったりします。喜怒哀楽の波が大きいためにイライラや不安から強すぎる言葉や、思いがけない行動につながってしまい、周囲から誤解されることもあります。生徒自身が自分の感情を客観的にとらえ、一人ひとりに合わせたストレスマネジメントができるよう支援しましょう。「今日はどんな気持ち？」と聞いてあげることも本人の気づきにつながります。

声かけの例

△「どうしてそんなにイライラしているの？」

○［ ちょっとクールダウンして、
　別の部屋で話をしようか ］

△「いつまでも落ち込んでないで、
　　元気出して！」

○［ 気持ちが落ち込む理由を
　一緒に考えてみよう ］

| 年 | 月 | 日 |

ステップ 1 自分の感情に気づく

ポイント

人の心は複雑

喜怒哀楽……人の心はいつも一定ではありません。その時々の気持ちや感情に気づいて、うまくつき合っていきましょう。

ワーク1 あなたが「喜怒哀楽」を感じるときはどんなときですか？　例を挙げてみよう。

喜 (うれしい)
例：テストに合格！
- □
- □
- □

怒 (イライラ!)
例：悪口を言われた！
- □
- □
- □

ポジティブな感情 ←——————————————————→ ネガティブな感情

楽 (楽しい)
例：友だちと遊びに行く
- □
- □
- □

哀 (悲しい)
例：親友が転校する
- □
- □
- □

ワーク2 ネガティブな気分を変える方法を5つ考えてみよう！　例：甘いものを食べる・音楽を聞く

イライラ → 悲しい

① ....
② ....
③ ....
④ ....
⑤ ....

ワーク3 わかったこと・気づいたこと

....

> イライラが爆発して、イスを蹴っ飛ばしたことがあるよ、ごめんなさい。

| 年 | 月 | 日 |

ステップ 2　気持ちの変化に気づく

ポイント

ストレスは大敵！

ストレスはあなたの気持ちをネガティブにします。気持ちの変化を「見える化」してうまくつき合っていきましょう。周囲の人に伝えてわかってもらうといいですよ。

ワーク1

月〜金をふり返って、気持ちグラフを作成してみよう。例を参考に、曜日ごとにポジティブな気持ち（＋）、ネガティブな気持ち（−）をそれぞれ3段階で表しグラフにしよう。

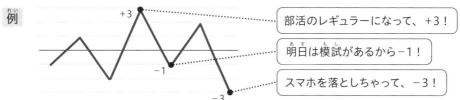

例

+3 ……… 部活のレギュラーになって、＋3！

−1 ……… 明日は模試があるから−1！

−3 ……… スマホを落としちゃって、−3！

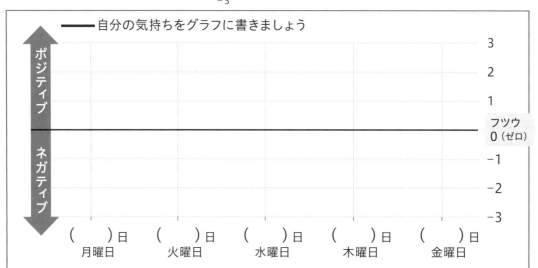

―― 自分の気持ちをグラフに書きましょう

ポジティブ　ネガティブ

3
2
1
フツウ 0（ゼロ）
−1
−2
−3

（　　）日　　（　　）日　　（　　）日　　（　　）日　　（　　）日
月曜日　　　火曜日　　　水曜日　　　木曜日　　　金曜日

ワーク2　今日の気持ちを言葉にして伝えてみよう（グラフの数字を使ってもいいよ）。

ワーク3　わかったこと・気づいたこと

明日は模試があるから、今日の気分はネガティブで−2くらい……。

年	月	日

ステップ 3　ストレスマネジメントのコツ

ポイント

ブレーキをかけて、切り替える

ストレスとは、あなたをマイナスな気持ちにする心の負担のこと。ストレスを感じたらいったんブレーキをかけて、その理由を見つけて、切り替えましょう。

●一度、ブレーキ！

深呼吸

数を数える

一人になる

●理由を考えてみる

何が原因だった？
例：疲れていたから？

●切り替える

楽しいことを考える！

次に生かす！

ワーク1　最近ストレスを感じたこと、イライラや不安に感じた場面をふり返ろう。

どんな場面？

どうして？　（例：勝手に話し合いが進んでイライラした）

自分はどうしたかった？　（例：自分にも意見を聞いてほしかった）

どうやって気持ちを切り替える？　（例：深呼吸して気持ちを落ち着けてから話し合いに参加する）

ワーク2　ストレスを感じたり、イライラや不安な気持ちを感じたとき、ブレーキをかける方法を3つ考えよう。

例：あたたかい飲み物を飲む／音楽を聞く／友だちに話す、など。

①	②	③

ワーク3　わかったこと・気づいたこと

オレの心の
イライラブレーキは
ちょっと効きが悪い……。

自己管理

自分のよさに気づく！
長所発見術

誰もが一人ひとり「個性」をもっています。あなたにしかない個性、あなたにしかないよさをたくさん見つけて「自分らしさ」について考え、まわりの人に伝えてみましょう。またあなたの身近にいる家族や友だちについても、どんな人なのかを知り、いろいろな人の考え方や個性を受け入れ、お互いを認め合える関係を作りましょう。

☑ 「いま」をチェック！

- ☐ 自分のことをまわりの人はよく理解している
- ☐ 自分の長所が言える
- ☐ 自分の短所が言える
- ☐ 自分とは違う個性を受け入れている

自分の考えにこだわりがあるので、違う意見を受け入れることはなかなか難しいです……。

ステップの流れ

ステップ1	自分の長所を見つける
ステップ2	短所も個性の一つ
ステップ3	相手の個性を受け入れる

先生・保護者の方へ　指導・支援のポイント

　生徒たちは気にしていないように見えますが、ふだんの集団生活のなかで、まわりの友だちと自分を比べがちです。誰もが自分より優れているように見えて、自分のよさに気づけないまま自信を失ってしまうのはもったいないことです。長所も短所も含めて自分の個性としてとらえられるよう、周囲の人からポジティブな言葉で本人らしさを伝えてあげてください。多様性を尊重するためにも、一人ひとりの個性にもあたたかな目を向け、他人との違いも楽しめるきっかけを作りましょう。

声かけの例

△「内気なところは直したほうがいいよ」

◯ [控えめで物静かなところは、人に安心感を与えるよね]

△「もっとクラスの他の友だちのようにがんばろう！」

◯ [一人ひとり個性は違うから、人と比べないでもいいよ]

ステップ 1　自分の長所を見つける

ポイント

「長所」とは、あなたらしさ

あなたの長所はどんなところですか？　またほかの人から見たあなたの長所はどんなところでしょう。

●長所を見つけるには……

自分の好きなところは？

自信をもってできることは？

身近な人に聞いてみる

先生や友だちから
ほめられたことを思い出す

ワーク1

① あなたの考える、自分の長所は？　当てはまるものを○で囲もう。

> 元気 ・ 優しい ・ まじめ ・ 努力家 ・ 明るい ・ おだやか ・ 計画的 ・ 社交的 ・
> 積極的 ・ リーダーシップがある ・ 冷静 ・ 意志が強い ・ 行動力がある ・
> ねばり強い ・ 責任感がある ・ 慎重 ・ おおらか ・ ポジティブ ・ 活発 ・ 几帳面 ・
> 面白い ・ 発想力がある ・ 協調性がある ・ 想像力豊か
>
> その他：(　　　　　　　　　　　　　　　　　　　　　　　　　　　　　　　　)

② 身近な人 (友だち、先生、家の人など) に、あなたにあてはまるものを○で囲んでもらおう。

> 元気 ・ 優しい ・ まじめ ・ 努力家 ・ 明るい ・ おだやか ・ 計画的 ・ 社交的 ・
> 積極的 ・ リーダーシップがある ・ 冷静 ・ 意志が強い ・ 行動力がある ・
> ねばり強い ・ 責任感がある ・ 慎重 ・ おおらか ・ ポジティブ ・ 活発 ・ 几帳面 ・
> 面白い ・ 発想力がある ・ 協調性がある ・ 想像力豊か
>
> その他：(　　　　　　　　　　　　　　　　　　　　　　　　　　　　　　　　)

ワーク2　身近な人の見方も参考に、あなたの長所を伝えてみよう。

あなた

ワーク3　わかったこと・気づいたこと

長所は誰かと比べて見つける
ものではなくて、自分にとって
自信があることでいいんだね！

ステップ 2 短所も個性の一つ

ポイント

短所も「自分らしさ」

短所は「悪いところ」ではなく、「変えていけたらよいところ」です。短所も自分の一部として、大事に考えていきましょう。

● 「短所」は「長所」に変換できる！

ポジティブに表現すると？

| 短所 | 落ち着きがない |
| 人に合わせることが苦手 |

| 長所 | 行動的！ |
| 人に左右されない |

ワーク1　あなたの「短所」を3つ見つけて、長所に変換してみよう！

①	②	③

まわりの人にも聞いてみよう。

ワーク2　「短所」とうまくつき合うくふうを2つ考えよう。

例：ネガティブに考えてしまう　⇒　くふう：一人で考える前に、なるべく身近な人に相談する

● （短所）　　くふう：

● （短所）　　くふう：

ワーク3　わかったこと・気づいたこと

心配性はポジティブに言い換えれば想像力豊か、かな〜。

ステップ 3 　相手の個性を受け入れる

ポイント

「よいところ探し！」をしよう

あなたに「長所」「短所」があるように、身近にいる友だちや家族にも個性があります。自分とは違うタイプの人も認め、よいところを見つけて伝えてみましょう。

ワーク1

① 友だちのよいところを見つけよう。

ヒント　友だちが自分にしてくれてうれしかったことは？／まねしたいと思うことは？

友だちの名前	あなたが見つけたよいところ
例：○○さん	いつも笑顔であいさつをしてくれる

② 先生や家の人のよいところを見つけよう。

ヒント　先生や家の人の好きなところはどんなところ？

	あなたが見つけたよいところ
例：○○先生	話を最後まで聞いてくれる

ワーク2　実際に友だちに「よいところ」を伝えよう。（→相手はどんな反応だったかな？）

あなた

ワーク3　わかったこと・気づいたこと

友だちのよいところは
わたしもどんどん
まねしていこう！

うまくいく方法でよい！
苦手克服術

今のあなたにどんなに苦手なことがあっても、
生活のなかでの困りごとは、いつか必ず変えていくことができます。
苦手だから、とやらなかったりあきらめたりするのではなく、
「自分に合う方法」「活用できるサポート」を見つけて少しずつ
改善していきましょう。身近な人の体験談も参考になりますよ。

☑ 「いま」をチェック！

- ☐ 自分の得意なことがわかる
- ☐ 自分の苦手なことがわかる
- ☐ 苦手な部分は人やツールの助けを借りている
- ☐ 苦手なこともいつか改善できると思う

苦手なことが
ありすぎて、
どうしたらいいか
考える余裕が
ありません……。

ステップの流れ

ステップ1	「得意」「苦手」を知る
ステップ2	苦手克服にチャレンジする
ステップ3	「得意」「苦手」をヒアリングする

先生・保護者の方へ　指導・支援のポイント

　本人が感じている「苦手」と、周囲の人が気づく「苦手」があります。「ダメなところ」ととらえるのではなく、「もっとよくしていくために」と前向きに考え「こうありたい」という目標に向けてすぐにできることから具体的な行動につなげていきます。自分一人の力で何とかするのではなく、支援ツールやサポートを活用することにも前向きになれるよう支援していきます。保護者の方や先生の体験談、失敗談もたくさん伝えてあげてください（ただし同じくふうが本人に合うとは限らないので本人の力と状態に合わせた方法を考えましょう）。

声かけの例

△「苦手と言って逃げていると、将来苦労するよ」

○［苦手なことも少しくふうすれば今より少しできるようになると思わない？］

△「先生も苦手なことも努力してがんばったから、あなたもやってみて」

○［先生とあなたは違うから、あなたに合う方法を探していこう］

年　　月　　日

ステップ 1 「得意」「苦手」を知る

ポイント

「得意」なことで勝負！　苦手なことは助けてもらう！

「得意なこと」「苦手なこと」を伝えることで、まわりの人に「そうなんだ！」とわかってもらえますね。

人前で話すことは苦手だけれど、文章で書くことは得意！

文章で書くことは苦手だけれど、言葉にして伝えることは得意！

ワーク1

① 「得意」と思うものに○をつけよう（いくつでも OK！）。

人前で話す　・　人の話を聞く　・　まわりの人の気持ちに気づく　・　文章を書く　・
絵を描く　・　歌を歌う　・　体を動かす　・　物を作る　・　計画を立てる　・
初対面の人と話す　・　最後まで取り組む　・　人を笑わせる　・　アイデアを考える　・
記憶する　・　計算する　・　時間を守る
●その他、「得意なこと」：

② あなたの「少し苦手」「とても苦手」を考えよう。

教えてもらったり助けてもらってよい

★少し苦手
がんばればできそう

★★★とても苦手
一人ではできない

例：早起き

例：数学

ワーク2　得意なこと・苦手なことを言葉にして伝えてみよう。

あなた

ワーク3　わかったこと・気づいたこと

得意なことは
すぐに行動できること！
……苦手なことは
じっとしていること！

年　　　月　　　日

ステップ2 苦手克服にチャレンジする

ポイント

「苦手」ともつき合ってみる

「苦手」だと思っていたことも、自分に合った方法（ほうほう）を見つけたりツールを活用したりすることで「うまくつき合う」ことができるようになります。

友だちを
作ることが苦手……
もっと話せるように
なりたいな

まずは自分から
声をかけてみよう

思い切って
となりの席（せき）の友だちに
あいさつしてみよう！

ワーク1

「今は苦手だけれど、できるようになったらいいな」と思うことは？

具体的（ぐたいてき）に
イメージ

例（れい）：みんなの前で発表することが苦手。自信（じしん）をもって話せるようになりたい！

自分に合う方法（ほうほう）を考えてみよう。

誰（だれ）かに相談
するとよい

例（れい）：話す内容（ないよう）をメモに書いてから伝（つた）える。

「チャレンジ」（一歩ふみ出す行動）する場面を考えよう。

失敗（しっぱい）を
恐（おそ）れない

例（れい）：来週のグループワークで、やってみる！

ワーク2　苦手を克服（こくふく）するための計画を立てて実践（じっせん）しよう！

ワーク3　わかったこと・気づいたこと

本当は勇気（ゆうき）を出して、
いろいろなことに挑戦（ちょうせん）したい！
誰（だれ）かに「できるよ」って
言ってほしい！

82

年　　　月　　　日

ステップ3 「得意」「苦手」をヒアリングする

ポイント

「くふう」のヒントを見つける

誰にでも「得意」「苦手」があるって、本当でしょうか？ 身近な人の「得意」「苦手」を聞いて、「苦手」をくふうするヒントにしましょう!! 「いいな」と思うところはまねしてみましょう。

ワーク1 友だち、先生、家の人などに「得意なこと」「苦手なこと」を教えてもらおう。

インタビュー①

得意なこと	苦手なこと
名前	

生かしていること

くふうしていること

インタビュー②

得意なこと	苦手なこと
名前	

生かしていること

くふうしていること

ワーク2 あなたは……？

「得意」の生かし方	「苦手」へのくふう

ワーク3 わかったこと・気づいたこと

先生にも苦手なことがあったのね……！
少しほっとした。

83

社会の一員として生きる

あなたはかけがえのない一人（ひとり）の人として、自由に生きる権利（けんり）を
もっています。一方で、社会の一員として生きていくうえでは、
守るべきルールもあります。学校からもう少し広い「社会」に
目を向けてみませんか。物事をさまざまな人の立場に立って考え、
価値観（かちかん）を広げていきましょう。

☑ 「いま」をチェック！

- ☐ 基本的人権（きほんてきじんけん）について知っている
- ☐ 家族との約束（やくそく）や「校則（こうそく）」を守っている
- ☐ 成人（せいじん）の義務（ぎむ）と権利（けんり）を知っている
- ☐ ニュースをよく見ている

> 「基本的人権（きほんてきじんけん）」は
> 1947年5月3日に
> 施行（しこう）された
> 日本国憲法第11条（けんぽうだい じょう）に
> 明記されています。

ステップの流れ

ステップ1	「人権（じんけん）」と生活のなかのルールを知る
ステップ2	18歳（さい）から大人（おとな）（成人（せいじん））！
ステップ3	社会のニュースに関心（かんしん）をもつ

先生・保護者の方へ　指導・支援のポイント

　生徒たち一人ひとりがもつ権利についても改めて確認する機会をもちましょう。誰もが、「苦手なことがあるから」「少数派だから」という理由で差別されるべきではありません。もし「差別されている」と感じたら声をあげてよいことも伝えましょう。規則やルールだけを押し付けてしまわないよう、時には「大人」として対等に関わり、社会の出来事にも目を向ける機会を作ってあげましょう。

声かけの例

△「それは校則違反だからダメです」

○ ［ あなたには自由に生きる
　　権利があるけれど、
　　学校のなかではルールを守ろう ］

△「もう成人なんだからしっかりしないと」

○ ［ 成人したら大人の仲間として
　　頼りにしているよ ］

年　　月　　日

ステップ 1 「人権」と生活のなかのルールを知る

ポイント

人として、幸せに生きる！

人はだれもが生まれながらに、かけがえのない一人（ひとり）の人間として生きる権利（けんり）をもっています。どんな差別（さべつ）も許（ゆる）されるものではありません。また社会のなかには安全な生活のために守るべきルールもたくさんあります。個人（こじん）の自由と社会のルール、どちらも大切です。

ワーク1　「基本的人権（きほんてきじんけん）」を知ろう。

私たちはだれもが「基本的人権（きほんてきじんけん）」をもっています。
（日本国憲法第11条）

●自由の権利（第12条）／個人（こじん）の自由を侵（おか）されない権利

●平等の権利（第14条）／法（ほう）の下に平等で差別されない権利

●社会権（しゃかいけん）／人間らしく生きる権利
生存権（せいぞんけん）（第25条）／健康（けんこう）で文化的（ぶんかてき）な生活を送る権利
教育を受ける権利（第26条）
勤労（きんろう）の権利（第27条）／働（はたら）く権利と義務がある

●参政権（さんせいけん）（第15条）／政治に参加する権利

など

ワーク2　学校で、社会で、家庭で、あなたの「基本的人権（きほんてきじんけん）」は守られている？　守られていないと思うときは、どうしたらいいか考えよう。

ワーク3　わかったこと・気づいたこと

いじめは基本的人権（きほんてきじんけん）に反する行為（こうい）です！

ステップ 2 18歳から大人（成人）！

ポイント

もうすぐ大人（おとな）の仲間（なかま）入り

成人（18歳）になると、自分の意志で行動したり、契約を結んだりすることができます。
できることが増える一方で、大人としての判断や責任が求められるようになります。

ワーク1

あなたが考える「大人（おとな）」とは、どんな人？

> あなたは……
> □ すでに成人（せいじん）である
> □ あと（　　　）年で
> 　成人（せいじん）だ

18歳（さい）になるとできるようになったことはどれ？（○をつけよう。）

① （　　　）携帯電話を契約する
② （　　　）飲酒や喫煙をする
③ （　　　）ローンを組んで買い物をする
④ （　　　）自分の意志で結婚する
⑤ （　　　）部屋（住まい）を借りる
⑥ （　　　）競馬や競輪の投票券を買う
⑦ （　　　）クレジットカードを作る
⑧ （　　　）自分の意思で就職先を決める

Credit Card

0123　4567　8901　2345

ワーク2

「成人（せいじん）になったら挑戦（ちょうせん）したいこと」と、「気をつけたいこと」を1つずつ考えてみよう。

・挑戦（ちょうせん）したいこと

・気をつけたいこと

ワーク3　わかったこと・気づいたこと

> 自分の意志で決められる
> ことが増えると思うと、
> 少しドキドキする……！

×　⑥・②／　○　⑧・⑦・⑤・④・③・①／え答の【1クーワ】

年　　　月　　　日

ステップ 3　社会のニュースに関心をもつ

ポイント

社会は変化に満ちている！

日々のニュースから、社会の動きが伝わってきます。社会の一員として「わたしだったらどうする?」「生活はどう変わる?」と自分と関連づけて考えましょう。

〈ニュースを知るために〉　新聞　　ニュースサイト

ニュース番組　SNS

ワーク1

① あなたはふだん、ニュースを見ますか?

ニュースは何で見る?

（　　）よく見る　・　（　　）見る　・　（　　）あまり見ない

② 最近気になったニュースは?

ニュースや出来事について	思ったこと・感じたこと

ワーク2　あなたが社会、世の中で「変えたい」と思うことは?

関連するニュースを見てみよう。

ワーク3　わかったこと・気づいたこと

鉄道のニュースは最新情報もしっかりチェックしている!

人生を豊かに！
日常生活術

あなたの人生を作るのはあなた自身です。平均寿命で考えれば成人してから60年以上を生きていくことに！　その土台となるのが「生活スキル」。あなたは家の手伝いをしていますか？　生活力はすぐに身につくものではありませんが、日々のなかで少しのくふうや努力を重ね、毎日をよりよい時間にしていきましょう。

☑ 「いま」をチェック！

- □ 今朝の朝食を自分で用意した
- □ 部屋がすっきり片づいている
- □ 洗濯機の使い方がわかる
- □ お金の管理は自分でしている

高校を卒業したら絶対一人暮らしがしたい！家事は何もできないけどね、何とかなるさ!?

ステップの流れ

- ステップ1　家事をしてみる
- ステップ2　部屋を片づける
- ステップ3　金銭管理をする

先生・保護者の方へ　指導・支援のポイント

　長く元気に働くための土台は「生活力」です。学校のなかで細かく教えることはないので、いざというときに困らないためにも、家族と同居しているうちに少しずつ練習し身につけていけるようにしましょう。これまで保護者の方がやってあげてきたことでも、「自分のことは自分でする」ようにし、家族の一員として家事を任せるようにしていきましょう。家族の「頼りにしているよ」の一言が励みになります。一人でやるのが難しい場合は、就労や生活の自立に向けてサポートを受けることもできます。将来本人がどうしたいのか、少しずつ家族で話し合う時間を作っていくとよいでしょう。

声かけの例

△ 「今のままでは、一人暮らしなんかできないよ」

○ [今日の夕食の買い物をお任せしてもいいかな？]

△ 「だらしのない生活はやめなさい！」

○ [まわりが整うと、心も生活も整っていくよ。最初は手伝うから一緒に片づけよう]

年	月	日

ステップ 1　家事をしてみる

ポイント

家事は、生活の力

いつか自立して自分の力で生きるために必要な力がたくさんあります。「衣服・食事・住まい（衣食住）」に関わる生活の力は、すぐに身につくものではありません。ふだんの生活のなかで積極的に取り組みましょう。

●日常の家事にはどんなものがある？

> ・料理　　・買い物（食品・日用品）
> ・洗濯　　・掃除

ほかには？

ワーク1

① できるものに○をつけてみよう。

（　　）簡単な料理を一人で作れる。

　　　→何が作れる？（　　　　　　　　　　　　　　　　　　　）

（　　）洗濯機を使って洗濯ができる。

　　　→洗ったあと、どこに干す？（　　　　　　　　　　　　　）

（　　）掃除機で、部屋の掃除をしている。

　　　→週に何回くらい？（　　　　　　　　　　　　　　　　　）

（　　）家のゴミを分別して捨てている。

　　　→どのような分別がある？　（　　　　　　　　　　　　　）

② 一人で食事の準備をするとしたらどんなメニューにする？　※栄養のバランスも考えて！

朝食	昼食	夕食

ワーク2　まだチャレンジしたことのない家事に挑戦してみよう！

●家事：

●手順：

ワーク3　わかったこと・気づいたこと

掃除がとにかく苦手だから、将来はロボット掃除機を買うぞ……！

年　　　月　　　日

ステップ 2　部屋を片づける

ポイント

部屋が整えば心も整う

知らない間に部屋のなかにものが散らかっていませんか？　「整理整頓」のコツをつかみ、いつでもリラックスできる部屋を目指しましょう！

① 整理

・不要なものを取り除く
（捨てる・リサイクルなど）

② 整頓

・決まった場所に片づける
・定位置に戻す

ワーク1

① 「整理」すべきところはどこ？　　※ ○がついたところから「整理」を開始！

（　　　）勉強する机の上にものがごちゃごちゃ置いてある

（　　　）机の引き出しに、もう使わないものがつまっている

（　　　）部屋の床に脱いだ服などが置きっぱなしになっている

（　　　）部屋に趣味のグッズやコレクションなどがあふれかえっている

② 「整頓」の力をチェックしよう。

| 学校からもって帰ったプリントはどうしている？ | 例：まずはファイルにしまって、1か月に1回いらないものを捨てる |

帰宅して脱いだ制服はどうしている？

ワーク2　大きな箱を2つ用意して、床や机の上にあるものを「いるもの」「いらないもの（捨てるもの）」で分けて入れてみよう。

「いらないもの」➡「整理」（処分）する。　「いるもの」➡「整頓」する（片づける）

ワーク3　わかったこと・気づいたこと

「今日こそは片づけよう！」と思って早三年、机の上にプリントの地層が……。

年	月	日

ステップ 3　金銭管理をする

ポイント 「収入（得たお金）」と「支出（使ったお金）」のバランスが大事！

お金を大切に使っていますか？　電子マネーで買い物をすると「お金が減った」感覚をもちづらいので、注意が必要です。おこづかい帳やアプリを活用して、お金の使い方を「見える化」しましょう。

●お金を大切に使うために

おこづかい帳・ 家計簿アプリを活用する	毎月決まった 金額を貯金する	欲しいものをあらかじめ決めて おき、衝動買いをしない

ワーク1

① 最近自分のおこづかいで買ったものは？

買ったもの	いくらだったか

② している「金銭管理」に○をしてみよう。

（　　　）おこづかい帳や、家計簿アプリを使っている

（　　　）毎月、決まった金額を貯金している

（　　　）買い物は決めたものだけを買う（衝動買いしない）

（　　　）今月のおこづかいがなくなりそうなときに、欲しいものを翌月まで我慢できる

③ どんなことに気をつけたらよいか、考えてみよう。

高額の買い物をするときは？　　例：部活の道具、パソコン　など

....

電子マネーで買い物をするときは？　　例：明細を確認して、使いすぎていないかチェックする

ワーク2　欲しいものを買うまでの計画を立てよう。

○欲しいものは？／

○あといくらあれば買える？／

○毎月いくら貯金する？／

計画通りに
やってみよう

ワーク3　わかったこと・気づいたこと

....

「欲しい！」と思ったら
そのことばかり考えちゃって
どんどん欲しく
なっちゃうんだよね～。

91

社会生活

「やめられない」をやめる！
スマホ（ＳＮＳ）コントロール術

スマホはとても便利ですが、得られる情報が果てしなく多いため、ついつい夢中になってしまいがち。始めるとなかなかやめられないゲーム、便利なコミュニケーション手段であるＳＮＳ、何でも調べられるサイト、いずれも誰かを傷つけたり危険につながったりしないよう、上手に活用してくださいね。

☑ **「いま」をチェック！**

☐ 自分用のスマホをもっている
☐ スマホの使い方について保護者との約束がある
☐ スマホから離れる時間も作っている
☐ 個人情報の大切さについて知っている

スマホをしているときが一番心が落ち着くのに、人からいろいろ言われたくないな。

ステップの流れ

ステップ1 スマホコントロールのコツ
ステップ2 ＳＮＳのマナーを知る
ステップ3 危険から自分を守る

先生・保護者の方へ 指導・支援のポイント

　スマホをどんな時間にどのくらい活用しているのかは、生徒によっても差が大きいところです。まず各家庭のルールや約束を明確にしておきましょう。日常生活のストレスが大きいほど、ゲームなどのわかりやすい世界に没頭しがちです。「なかなかやめられない」という行動だけに注目して制限するのではなく、その背景や気持ちに寄り添いながら少しずつコントロールできる方法を一緒に考えていきましょう。また思わぬトラブルにつながらないよう、身近なリスクについて知る機会を作り、危険から自分を守る方法も伝えていきましょう。

声かけの例

△「スマホばかり触っていないで、勉強したら？」

○ ［ 20時になったらいったん大事なスマホを預かるから、テスト勉強がんばってね ］

△「まだスマホを触っているの？」

○ ［ インターネットで調べてほしいことがあるので、お願いしてもいいかな？ ］

年	月	日

ステップ 1 スマホコントロールのコツ

ポイント

「時間どろぼう」に注意！

スマホはインターネットを通じてたくさんの情報につながりますが、使用目的や使う時間を決めておかないと、スマホから離れられない「スマホ中心」の生活になってしまう危険性があります。知らない間にあなたの時間を乗っ取られてしまい、やるべきことが終わらなくなるので要注意です。

何のために使うの？

使う時間は？

家族との約束は？

スマホ以外の楽しみも見つける

ワーク1

① スマホを使っている場合……

●何年生からスマホを使っていますか？

●家族との約束、または注意されていることは？

●何に使っている？　例：SNSでの友だちとのやりとり、動画視聴、など

② スマホを使っている、見ている時間に色をつけよう。

0　1　2　3　4　5　6　7　8　9　10　11　12　13　14　15　16　17　18　19　20　21　22　23　24（時）

○スマホを使っている・見ている時間……（　　　　　）時間
○スマホを使っていない時間 …………………（　　　　　）時間
○授業・勉強している時間 ………………（　　　　　）時間
○睡眠時間 ……………………………（　　　　　）時間

24時間のうち
一番多く費やして
いるのはどの時間？

ワーク2　スマホの電源を切る時間を決めて、スマホから離れてみよう。

（　　　　）時～（　　　　）時まで　➡目標（　　　　）時間

例：23時～6時まで（寝る時間）など

ワーク3　わかったこと・気づいたこと

スマホをさわっていないと
落ち着かなくて……。
もしかして時間を
乗っ取られてしまった……？

年　　　月　　　日

ステップ 2　SNSのマナーを知る

ポイント

「SNSマナー」、大事です！

SNSとはソーシャルネットワーク（社会的なつながり）サービスのこと。人と人とをつなげる会員制のオンラインサービスで、子どもから高齢者まで幅広く活用されています。気軽に使えるからこそ、マナーが大切ですね。

相手を傷つける内容は送らない

大切な話や自分の気持ちは会って直接伝える

夜22時までなど時間を決めよう（深夜や早朝に連絡しない）

返信が来なくても待ってみよう（何度も送らない）

ワーク1

● あなたがよく使うSNSは？

● 誰と、どんなときに使っている？

● 友だちとSNSでやりとりをするときに気をつけていることに○をつけよう。

（　　　）迷惑な時間（早朝や深夜）には送らない。　→　何時ごろまでOK？

（　　　）送る前に内容をよく読み返す。　→　読み返したほうがよいのはなぜ？
（　　　）うその情報は、絶対に書かない。
（　　　）人を傷つける内容は、絶対に書かない。
（　　　）他人の個人情報を勝手に伝えない。

ほかに気をつけていることは？

ワーク2

SNSでのやりとりで困った経験をふり返ってみよう（どうすればよかった？　考えてみよう）。

ワーク3

わかったこと・気づいたこと

ゲームをしながらチャットをすると、つい乱暴な言葉になりがち……。

年　　月　　日

ステップ 3 危険から自分を守る

ポイント

自分を守るのは、自分！

インターネットは世界中の人とつながるコンピュータネットワーク。スマホでも簡単に使うことができて便利ですが、一歩間違うと危険につながります。自分を自分で守り、安全に使いましょう。

氏名や制服の写真など個人情報が特定される情報は×

友だちの個人情報も×

位置や場所がわかる情報に注意！

ゲームやネットショッピングで知らない間にお金を使ってしまうことがあるので注意！

うその情報や、勧誘メールに注意！（お金をだまし取られる！）

ワーク1　公開してはいけない「個人情報」にはどんなものがありますか？

例：住所・学校名・写真……

ネット上で知り合った人と直接会うのも危険！二人きりで会うのは絶対にやめましょう！

→個人情報を公開してしまうことで、どんなリスクがある？

ワーク2　まなぶさんとあおいさんに、あなたからアドバイスをしてあげよう。

まなぶさん

「100万円のくじに当選した」というメールが届いたよ！

アドバイス

あおいさん

メールでモデルにスカウトされちゃった〜！

アドバイス

ワーク3　わかったこと・気づいたこと

あこがれの声優さんからメールがきてすごくうれしかったけど、うそだった……（涙）。

伊庭葉子 （いば・ようこ）［監修］

株式会社 Grow-S 代表取締役（特別支援教育士）
1990年より発達障害をもつ子どもたちの学習塾「さくらんぼ教室」を展開。一人ひとりに合わせた個別の学習指導、SST（ソーシャル・スキル・トレーニング）指導、進路選択や自立の準備、保護者サポートを通して長期的な支援を目指す。教材の出版、公的機関との連携事業、学校支援、講演や教員研修なども行う。
著書／『特別支援の国語教材』『特別支援のSST教材』（Gakken）、『さくらんぼワークはじめての読解・作文』『同／はじめての計算・文章題』（明治図書）
監修／『自分のペースで学びたい子のためのサポートドリル』すてっぷ1〜6
『中高生のための SST ワーク　コミュニケーション編』
『中高生のための学習サポートワーク 言葉・読み方編』
『中高生のための学習サポートワーク 書き方・作文編』
（いずれも学事出版）

濱野智恵 （はまの・ともえ）［編著］

株式会社 Grow-S 教育事業部長（特別支援教育士・公認心理師）
さくらんぼ教室教室長として多くの生徒の指導・支援にあたる。2016年より東京都教育委員会の委託事業「コミュニケーションアシスト講座」運営責任者として、1,500人以上の都立高校生を指導。一人ひとりの個性に合わせた実践を、学校における支援へとつなげる。特別支援学校の外部専門員、都立高校における通級指導、出張授業、教員研修なども行う。

【さくらんぼ教室】

勉強が苦手な子ども、発達障害をもつ子どものための学習塾。1990年の開設以来、「自分らしく生きるために、学ぼう。」をスローガンに、一人ひとりに合わせた学習指導、SST 指導を実践。 千葉県・東京都・神奈川県の14教室で2歳〜社会人まで3,200人が学習中（2024年9月現在）。教材の出版、学校での出張授業や研修、発達障害理解・啓発イベントなども行う。
さくらんぼ教室HP　https://www.sakuranbo-class.com/

●同時刊行
学校生活をもっと楽しく！
『中高生のための SST ワーク　コミュニケーション編』

学校生活をもっと楽しく！
中高生のための SST ワーク　学校生活編

2022年10月10日　初版第1刷発行
2024年12月10日　初版第5刷発行

監　修	伊庭葉子
編　著	濱野智恵
発行者	安部英行
発行所	学事出版株式会社
	〒101-0051　東京都千代田区神田神保町1-2-5
	電話　03-3518-9655
	HP アドレス　https://www.gakuji.co.jp

企画	三上直樹
編集協力	狩生有希（株式会社桂樹社グループ）
イラスト	かみじょーひろ／寺平京子
デザイン・装丁	中田聡美
印刷・製本	瞬報社写真印刷株式会社

©Iba Yoko et.al.2022, Printed in Japan
ISBN978-4-7619-2874-2　C3037

※本書のワークは繰り返しコピーして使えます